"十四五"职业教育国家规划教材

人际沟通实务教程

RENJI GOUTONG SHIWU JIAOCHENG

（第四版）

新世纪高等职业教育教材编审委员会 组编

主　编　吴雨潼

大连理工大学出版社

图书在版编目(CIP)数据

人际沟通实务教程 / 吴雨潼主编. — 4版. — 大连：大连理工大学出版社，2022.1(2025.8重印)
ISBN 978-7-5685-3657-8

Ⅰ.①人… Ⅱ.①吴… Ⅲ.①人际关系学－教材 Ⅳ.①C912.11

中国版本图书馆CIP数据核字(2022)第022275号

大连理工大学出版社出版

地址：大连市软件园路80号　邮政编码：116023
营销中心：0411-84707410　84708842　邮购及零售：0411-84706041
E-mail：dutp@dutp.cn　　URL：https://www.dutp.cn
大连市东晟印刷有限公司印刷　　大连理工大学出版社发行

幅面尺寸：185mm×260mm　印张：11.5　字数：266千字
2011年4月第1版　　　　　　　　　　　2022年1月第4版
2025年8月第6次印刷

责任编辑：程砚芳　　　　　　　　　　责任校对：刘俊如
　　　　　　封面设计：张　莹

ISBN 978-7-5685-3657-8　　　　　　　定　价：36.80元

本书如有印装质量问题，请与我社营销中心联系更换。

前　言

　　《人际沟通实务教程》(第四版)是"十四五"职业教育国家规划教材、"十三五"职业教育国家规划教材、"十二五"职业教育国家规划教材。

　　本教材是《人际沟通实务教程》(第三版)的修订版,根据《国家职业教育改革实施方案》《关于推动现代职业教育高质量发展的意见》等文件精神,明确课程思政建设目标,积极落实二十大精神进教材,以培养时代新人为着眼点,以"学以致用"为教材内容的取舍标准和逻辑结构。

　　本教材具有以下特点:

1.思政元素与知识体系教育有机统一

　　本教材牢固确立人才培养的中心地位,围绕构建高水平人才培养体系,深入挖掘和体现课程所蕴含的思政元素和所承载的思政教育功能,将思政元素有机地融入内容,使传授知识与价值引领有效结合,达到润物无声的育人效果。

2.实现教材体系向课程体系转化

　　本教材根据高职高专学生的培养目标及当代大学生的思想特点和发展需求进行编写。以学生形成正确的职业认知为出发点、养成良好的职业意识为主线,以专项能力课程内容为单元模块,对基础知识的编排重视渐次进行。本教材不仅适用于教师教学,也适用于学生自学,同时也可供对人际沟通感兴趣的读者阅读。

3.增强学生的主动性和获得感

　　本教材对人际沟通的基础理论、基本框架、发展规律及实践活动做了系统、全面的研究。运用情境、体验、拓展、链接和互动等形式打造生动立体的课堂效果,激发学生的学习兴趣及主动性,实现了教学资源与课程内容相互补充,诠释了"以人为本、终身教育"的理念。

4. 贯彻产教融合、校企合作精神

　　产教融合、校企合作是职业教育的基本办学模式。本教材紧密跟踪社会变化，践行就业教育理念，关注行业创新链条的动态发展，推动教学内容与行业需求科学对接。在内容中兼顾学生的职业方向和用人单位的需要，借鉴典型单位的人际沟通技能，设计基于工作过程典型的人际沟通技能培训方案。

　　在本教材的编写过程中，编者参考、引用和改编了国内外出版物中的相关资料以及网络资源，在此表示诚挚的谢意！请相关著作权人看到本教材后与我社联系，我社将按照相关的法律规定支付稿酬。

　　本教材的内容不尽成熟，但编者已付出了最大努力，恳请同仁、专家和读者在使用本教材的过程中给予关注，并将意见和建议及时反馈给我们，以臻完善。

吴雨潼

所有意见和建议请发往：dutpgz@163.com
欢迎访问职教数字化服务平台：https://www.dutp.cn/sve/
联系电话：0411-84706672　84706581

目　录

【上篇　理论解说】

模块一　沟通的基本原理 ……………………………………………………… 3

情境一　沟通过程模型 ………………………………………………………… 4

一、发送者—接收者 …………………………………………………………… 4

二、信息 ………………………………………………………………………… 4

三、渠道 ………………………………………………………………………… 5

四、反馈 ………………………………………………………………………… 5

五、噪声 ………………………………………………………………………… 6

六、环境 ………………………………………………………………………… 7

情境二　沟通的类型 …………………………………………………………… 8

一、语言沟通 …………………………………………………………………… 8

二、非语言沟通 ………………………………………………………………… 9

三、各种沟通类型比较 ………………………………………………………… 9

【情境演练】 ……………………………………………………………………… 10

【情境拓展】 ……………………………………………………………………… 10

【情境链接】 ……………………………………………………………………… 12

模块二　感　知 ………………………………………………………………… 13

情境一　感知的种类 …………………………………………………………… 14

一、感觉的种类 ………………………………………………………………… 14

二、知觉的种类 ………………………………………………………………… 15

情境二 感知的特征 ... 21
- 一、感觉的特征 ... 21
- 二、知觉的特征 ... 21

情境三 感知规律 ... 23
- 一、感知规律的特征 ... 23
- 二、感知规律的种类 ... 24

情境四 心理暗示 ... 25
- 一、心理暗示的种类 ... 25
- 二、心理暗示效应 ... 26
- 三、色彩的心理暗示 ... 32

【情境演练】 ... 35
【情境拓展】 ... 36
【情境链接】 ... 38

模块三 倾 听 ... 39

情境一 倾听概述 ... 40
- 一、倾听的作用 ... 40
- 二、倾听的层次 ... 40
- 三、倾听的方式 ... 41

情境二 倾听的障碍 ... 43
- 一、环境障碍 ... 43
- 二、听者的障碍 ... 44
- 三、说者的障碍 ... 45

情境三 有效倾听 ... 46
- 一、C(Concentrate):专注 ... 46
- 二、A(Acknowledge):确认 ... 47
- 三、R(Respond):反应 ... 47
- 四、E(Exercise Emotional Control):情感控制 ... 49
- 五、S(Sense):感觉 ... 50

  六、S(Structure)：结构 ... 50
 【情境演练】 ... 52
 【情境拓展】 ... 52
 【情境链接】 ... 53

【下篇　实务操作】

模块四　语言沟通 ... 57
 情境一　口头语言沟通 ... 57
  一、普通话基础知识 ... 58
  二、口头语言沟通的特征 ... 72
  三、口头语言沟通的表现形式 ... 73
 情境二　书面语言沟通 ... 110
  一、书面语言沟通的特点 ... 110
  二、书面语言沟通的7C准则 ... 110
  三、应用文书写作 ... 111
 情境三　电子媒介语言沟通 ... 123
  一、电话沟通 ... 123
  二、网络沟通 ... 125
 【情境演练】 ... 128
 【情境拓展】 ... 128
 【情境链接】 ... 129

模块五　非语言沟通 ... 131
 情境一　非语言沟通的特点与作用 ... 132
  一、非语言沟通的特点 ... 132
  二、非语言沟通的作用 ... 133
 情境二　非语言沟通的种类 ... 134
  一、副语言 ... 134

二、体态语言 ··· 136

　　三、着装 ··· 140

　　四、时空距离 ··· 142

　　五、触摸 ··· 144

　　六、吸引力 ··· 144

　【情境演练】 ··· 145

　【情境拓展】 ··· 146

　【情境链接】 ··· 148

模块六　情商管理 ··· 149

情境一　情商概述 ··· 150

　　一、情商与智商的关系 ··· 150

　　二、中国古人的情商观 ··· 151

　　三、情商培养的阶段 ··· 152

情境二　情商管理的技巧 ··· 153

　　一、认识自我情绪 ··· 153

　　二、妥善管理情绪 ··· 154

　　三、自我激励 ··· 155

　　四、认识他人情绪 ··· 157

　　五、管理人际关系 ··· 162

　【情境演练】 ··· 169

　【情境拓展】 ··· 169

　【情境链接】 ··· 171

参考文献 ··· 172

二维码索引

口头语言沟通 ··· 8

知觉恒常性 ··· 22

色彩的心理暗示 ··· 32

专注 ·· 46

语气词"啊"的音变 ··· 64

呼气练习 ··· 65

语气 ·· 67

语调 ·· 67

停顿 ·· 69

重音 ·· 70

节奏 ·· 71

【上篇：理论解说】

沟通的基本原理

引 例

有一位秀才去买柴,对卖柴人说:"荷薪者过来!"卖柴人听不懂"荷薪者"(担材的人)三个字,但听懂了"过来"两个字,就把柴担到秀才前面。

秀才问他:"其价如何?"卖柴人听不懂这句话,但是听懂了"价"这个字,就告诉秀才价钱。秀才接着说:"外实而内虚,烟多而焰少,请损之(你的木材外表是干的,里头却是湿的,燃烧起来会浓烟多而火焰小,请减些价钱吧)。"卖柴人因为听不懂秀才的话,于是担着柴走了。

——美国学者桑德拉·黑贝尔斯

美国学者的一项研究结果表明,关于沟通的定义竟然达 150 多种。人际沟通是人与人之间、人与群体之间思想与感情的传递和反馈的过程,以求思想达成一致和感情的通畅。其目的在于分享信息、交流情感、交流意见、表明态度、传达思想和表达愿望等。如果传递、交换、分享成功,则该沟通是有效沟通。

美国学者研究沟通的大师桑德拉·黑贝尔斯认为,沟通过程不仅包含口头语言和书面语言,也包含形体语言、个人习惯和方式、物质环境,即赋予信息含义的任何东西。现代社会,不善于沟通将失去许多机会,只有与他人保持良好的协作,才能获取自己所需要的资源,才能获得成功。

沟通无所不在,不管人们是否愿意、主动还是被动,人人都需要沟通。

心理学家认为,一个人除了睡眠外,其余 80% 的时间要花在各种人际交往和沟通上。

对于一个成功者来说,在影响其成功的诸多要素中,来自个人的才智、能力和毅力等方面的因素只占不到一半的比例,而更多的则是来自人际关系方面的因素。美国普林斯顿大学对一万份人事档案进行了分析,结果发现:"智慧""专业技术"和"经验"只占成功因素的25%,其余75%取决于良好的人际沟通。

美国当代著名哲学家理查德·麦基翁认为:"未来的历史学家在记载我们这代人的言行的时候,难免会发现我们时代沟通的盛况,并将它置于历史的显著地位。其实沟通并不是当代新发现的问题,而是现在流行的一种思维方式和分析方法,我们时常用它来解释一切问题。"

沟通并不是一种本能,而是一种能力。沟通不是人天生就具备的,而是在生活、学习和工作实践中培养和训练出来的。也有另外一种可能,即我们本来具备沟通的潜在能力,但在成长过程中这种潜在能力被压抑了。

情境一　沟通过程模型

一个沟通活动成功与否,取决于整个过程,每一个环节都可能影响沟通活动的成败。沟通活动由六个要素组成。

一、发送者—接收者

人们因为要分享信息、交流思想和情感,所以要进行沟通。然而这种分享或交流不是单向的,它是一种相互的作用。

信息的发送者就是信息的来源,他必须充分了解接收者的情况,选择合适的沟通渠道以利于接收者的理解;接收者是指获得信息的人,他必须从事信息解码的工作,即将信息转化为他所能了解的想法和感受。这一过程要受到接收者的经验、知识、才能、个人素质以及对信息发送者的期望等因素的影响。

二、信息

信息是指在沟通过程中发送者传给接收者的内容。同样的信息,发送者和接收者可能有着不同的理解,它是沟通的核心要素,沟通的最终目标就是把想要表达的思想或情感准确、完整地传达给对方。

词语是一种符号,它表示所提到的物品,或者是能唤起强烈感情的表示抽象的概念。比如"自由"或"爱"容易被错误地理解,因为它们带有很多内涵,即每个人对一个词所拥有的情感和联系。例如,当我们听到"爱"这个词时,我们不仅仅考虑这个词本身的含义,而是把它与某个人或拥有的某种经历联系起来,比如,会联想起我正在和某人谈"恋爱",或是父母之"爱"等,所以词语的内涵可能引起沟通问题。

每一个人都有不同的经验,对一件物品或一个概念的想法永远不会与另外一个人的想法完全相同。

非语言符号是指不以人工创制的自然语言为语言符号,而以其他视觉、听觉等符号为信息载体的符号系统。美国学者L.伯德惠斯特尔估计,在两个人沟通的场合中,有

65%的社会含义是通过非语言符号传递的。

许多非语言信息在不同的文化间存在区别,特别是东西方的非语言符号的差异是非常大的。

【案例】

南方的孩子没见过雪,所以不知道雪是什么东西。教师说雪是纯白的,儿童就将雪想象成盐;教师说雪是冷的,儿童就将雪想象成冰淇淋;教师说雪是细细的,儿童就将雪想象成沙子。最后,儿童在考试的时候,这样描述雪:雪是淡黄色,味道又冷又咸的沙。

三、渠道

渠道也称作通道或媒介,是信息经过的路线,是发送者把信息发出、接收及反馈的手段。渠道的选择直接关系信息传递和反馈的效果,因为不同的信息内容要求不同的信息渠道,正确地选择信息渠道有助于信息接收者理解。沟通渠道包括正式沟通渠道与非正式沟通渠道。

(一)正式沟通渠道

正式沟通渠道是指在组织系统内,依据一定的组织原则所进行的信息传递与交流。例如,组织与组织之间的公函来往,组织内部的文件传达、会议召开、上、下级之间定期的情报交换等。另外,团体所组织的参观访问、技术交流及市场调查等也在此列。

1.优点

沟通效果好,比较严肃,约束力强,易于保密,可以使信息沟通保持权威性。重要的信息和文件的传达、组织的决策等,一般都采取这种方式。

2.缺点

由于依靠组织系统层层传递,所以较刻板,沟通速度慢。

(二)非正式沟通渠道

非正式沟通渠道指的是正式沟通渠道以外信息交流和传递的渠道,它不受组织监督,可自由选择。非正式沟通渠道是正式沟通渠道的有机补充,在许多组织中,决策时利用的情报大部分是由非正式沟通渠道传递的。同正式沟通渠道相比,非正式沟通渠道往往能更灵活、迅速地适应事态的变化,省略许多烦琐的程序,并且常常能提供大量的通过正式沟通渠道难以获得的信息。

1.优点

非正式沟通渠道沟通形式不拘,直接明了,速度很快,便于及时了解到正式沟通渠道难以提供的"内幕新闻"。

2.缺点

非正式沟通渠道难以控制,传递的信息不确切,易失真、曲解,还可能导致小集团、小圈子的形成,影响人心稳定和团队的凝聚力。

四、反馈

反馈是沟通过程的最后一个环节,使信息传递双方在发送—接收者两个角色之间进行不断切换,是实现双方交换准确信息的重要环节。沟通中的人越少,反馈的机会越多。根据信息接收者对信息的理解及接收状态,反馈分为正反馈、负反馈和模糊反馈。

(一) 正反馈

如果反馈显示出信息接收者理解并接收了信息,如当事人对调解员所说话题饶有兴趣或者点头称是,则这种反馈为正反馈。

(二) 负反馈

如果反馈显示出信息没有被理解和接收,如听者一脸的茫然或直接打断说"我不懂你的意思",说明听者并没有理解信息的内容;或者听者表现出很不耐烦的神态,阻止沟通者不让其再说下去,表明不同意沟通者的见解,则这种反馈为负反馈。

(三) 模糊反馈

如果信息接收者对信息的反应处于不确定状态,即信息不够充分,接收者无法决定接受与否,这种反馈则为模糊反馈。

专家研究表明:20%的沟通是有效的,80%的沟通是无效的。沟通是一个双向、互动的过程,沟通中最大的错觉是人们总是假设它会有效地进行。

沟通属于一种交互作用,在实际的沟通过程中,沟通的双方都在不断地将反馈信息回传给对方,始终处于一种双方互相传递和反馈信息的过程,任何一方既是沟通者也是反馈者,如果一方缺乏反馈或者出现负反馈,则会造成沟通的阻断,沟通者的沟通则会以失败而告终。

【案例】

总经理告诉秘书:"你帮我查一查公司有多少人在上海工作,星期四的会议上董事长将会问到这一情况,我希望准备得详细一点。"

秘书打电话给上海分公司的秘书:"董事长需要一份你们公司所有工作人员的名单和档案,需要两天内准备好。"

分公司的秘书又告诉其经理:"董事长需要一份我们公司所有工作人员的名单和档案,可能还有其他材料,需要尽快送到。"

结果,第二天早上四大箱航空邮件被送到了总公司大楼。

五、噪声

噪声是可能对信息传递造成干扰的一切因素,噪声越大,信息传递的障碍越大,信息传递的效率越低。在沟通过程中,噪声的影响无处不在,无法将其彻底消除。噪声有三种形式:外部噪声、内部噪声和语义噪声。

(一) 外部噪声

外部噪声来自环境,它阻碍接收者听到或理解信息。外部噪声主要来自交通运输、工业企业、建筑施工及社会环境(如音乐厅、高音喇叭、早市和人的大声说话发出的声音),等等。

(二)内部噪声

内部噪声发生在发送—接收者的头脑中,这时,他们的思想和情感集中在沟通以外的事情上。例如,一个学生因为正想着刚结束的游戏而没认真听课;母亲因考虑工作中的问题而没能把注意力集中在她的孩子身上。

内部噪声也可能源于信念或偏见。从出生开始,我们被父母、他人、家庭、社会和历史塑造,成年之后,虽然接受了更多更客观的信息,但对自我、对他人和对世界的看法却相对固定了,偏见也就在对自我、对他人和对世界的固定看法中诞生了。

(三)语义噪声

语义噪声主要源于人们用于沟通的符号。信息沟通的符号多种多样,包括口头语言、文字、图像及肢体语言等,这些符号通常有多种含义,人们对符号情感上的反应会干扰部分信息或全部信息。

六、环境

【案例】

一家公司决定裁员。

第一次裁员,地点选在公司的会议室,公司通知全部被裁人员到会议室开会。在会上宣布裁员计划,并且每一个人要立刻拿着自己的东西离开办公室。公司所有被裁员工都感到非常沮丧,甚至包括很多留下的人也沮丧不已,这极大地影响了员工的士气。

第二次裁员,公司总结了上次的教训,不是把大家叫到会议室里,而是选择了另一种方式,在咖啡厅单独约见被裁人员。在这样的环境里宣布公司的决策:由于公司的原因致使其暂时失去了这份工作,请他谅解,并给其一个月的时间寻找下一份工作。

这次裁员的效果和上一次相比有天壤之别,基本上所有员工得知这个消息后,都会欣然地接受,并且表示如果公司需要,随时都会毫不犹豫地再回到公司。

两次裁员,由于选择了不同的沟通环境,所得到的效果是截然不同的。

环境是沟通发生的地方和周围的条件。人们之间的沟通总是在特定的、自然的和人文的环境中进行的。环境能对沟通产生重大的影响,它涉及时间、空间、温度、通风、光线和色彩等外在的因素。

(一)时间

要想让沟通能够有成效,就应该在参加沟通的成员彼此时间都比较充裕的情况下进行。

(二)空间

沟通宜选用一个相对封闭的空间,太大容易产生空旷的感觉,让沟通双方产生距离感;太小虽然拉近了沟通各方的距离,但容易在一些严肃的议题上让被沟通方产生随意感。同时,空间相对独立可以隔绝周围的噪声影响和无关人员的打扰,让沟通效果达到最佳。

(三)温度

一般情况下,温度控制在20℃～25℃比较适宜。太冷容易让人思维枯竭,太热容易让人头脑发热并烦躁不堪。对于需要深入研究的问题,温度相对调低一些;对于需要迅速作出决定的议案,温度可以调高一些。

(四)通风

沟通的空间应该是空气可以流通的地方。需要注意,空间内空气对流也不能太快,在风来风往的过程中,桌面上的材料很容易被吹得到处都是,这样会分散沟通者的注意力。

(五)光线

对于人类来说,光和空气、水、食物一样是不可缺少的,没有阳光直射的采光充足的环境最适宜进行沟通。

色彩作用于人的感官,刺激人的神经,进而在情绪心理上产生影响。一般情况下黄、橙、红等暖色调的场所使人感到温暖、愉快;蓝、紫、绿等冷色调的场所让人觉得安宁;浅黄、灰褐、象牙色等特殊色调的场所使人兴奋。可以依据沟通对象,沟通目的来选择适宜的色彩搭配沟通场所。

情境二　沟通的类型

一、语言沟通

语言沟通是以语言文字为载体的沟通,可细分为口头语言沟通、书面语言沟通和电子媒介沟通三种形式。

(一)口头语言沟通

口头语言沟通是指借助语言进行的信息传递与交流。其形式很多,如交谈、电话、讲座、会议、广播及对话,等等。

口头语言沟通

人类的语言起源于口头语言沟通,口头语言到了相当发达的阶段才出现书面语言。语言学家甚至告诉我们,语言的媒介是声音。口头语言是日常沟通中使用最为频繁的方式,其沟通方式灵活多样:既可以是两人之间的娓娓而谈,也可以是群体中的雄辩舌战;既可以是正式的磋商,也可以是非正式的聊天;既可以是有备而来,也可以是即兴发挥。

口头语言沟通之所以被经常使用是因为说与听要比写与读容易得多,人们说起话来似乎不用费什么力气,张口就可以表达思想。而书面表达除了书写需要花费更多的时间外,还很难表达语调中传递的信息。当说"这是一百万元"时,句末的语调变化可以告诉对方是在感叹、陈述或询问,而书面表达时则需要用感叹号、句号或问号来说明这种信息。如果这种信息更加复杂,如命令或讽刺,书面的标点符号就望尘莫及了。

这是一百万元。(一手交钱,一手交货,司空见惯)
这是一百万元?(怀疑,不相信有这么多)
这是一百万元?(惊讶,怎么这么多)
这是一百万元?(喜悦,为突然有这么多钱而高兴)
这是一百万元!(强调金额很大)
这是一百万元!(后悔,不该错过赚大钱的机会)

另外,在表达的内容数量上,说话也比写字多得多。

（二）书面语言沟通

书面语言沟通是指借助文字进行的信息传递与交流。书面语言沟通的形式很多，例如通知、文件、信件、布告、刊物、备忘录、书面总结及汇报，等等。

（三）电子媒介沟通

电子媒介沟通又称 E-沟通，是由计算机技术与电子通信技术组合而产生的以信息交流技术为基础的沟通。包括电话、电视、计算机、互联网、电子邮件（E-mail）、传真以及即时讯息（简称 IM）等一系列通过电子设备进行信息传递的形式。

二、非语言沟通

非语言沟通是相对于语言沟通而言的，是指通过副语言、体语、衣着、时空距离、触摸、吸引力等方式交流信息，并进行沟通的过程。语言在沟通中只起到了方向性或规定性作用，而非语言信息才准确地反映出话语的真正思想和感情。同样一句话，不同的语速、语调，不同的面部表情和体态动作，声音的高低，可反映出不同的思想和感情。非语言信息在沟通中可以起到支持、修饰或否定语言信息的作用，有时可以直接代替语言信息，甚至表达出语言信息难以表达的情感内容。

非语言沟通方式包括：肢体动作、面部表情、空间距离、触摸行为、声音暗示、穿着打扮、实物标志、符号标志、色彩、绘画、音乐、网络、舞蹈、图像和装饰，等等，来表达人们的思想、情感、态度和意向。

三、各种沟通类型比较（表 1-1）

表 1-1　　　　　　　　　　各种沟通类型比较

沟通类型		举例	优点	缺点
语言沟通	口头	交谈、电话、讲座、会议、广播、对话	快速传递、快速反馈、信息量很大	传递中经过的层次愈多信息失真愈严重，核实越困难
	书面	通知、文件、信件、布告、刊物、备忘录、书面总结、汇报	持久、有形、可以核实	效率低、缺乏反馈
	电子媒介	电话、电视、计算机、互联网、电子邮件（E-mail）、即时讯息（简称 IM）	快速传递、信息容量大、一份信息可同时传递给多人、廉价；即时讯息，是一种接近于实时进行的文字信息沟通，可以在两个或更多用户之间进行	电子邮件等媒介是单向传递，可以交流，但看不见表情；两个工作联系不是很紧密的人对于即时讯息这种亲密的实时聊天可能会感到尴尬
非语言沟通		肢体动作、面部表情、空间距离、触摸行为、声音暗示、穿着打扮、实物标志、符号标志、色彩、绘画、音乐、网络、舞蹈、图像和装饰	信息意义十分明确，内涵丰富，含义隐含灵活	传递距离有限，界限模糊，只能意会不能言传

【情境演练】

沟通训练游戏：撕纸

一、准备工作

形式：20人左右

最为合适时间：15分钟

材料：准备总人数两倍的A4纸（废纸亦可）

适用对象：所有学生

活动目的：我们平时的沟通过程中，经常使用单向的沟通方式，结果听者总是见仁见智，个人按照自己的理解来执行，通常都会出现很大的差异。但使用了双向沟通之后，又会怎样呢，差异依然存在，虽然有改善，但增加了沟通过程的复杂性。所以什么方法是最好的？这要依据实际情况而定。沟通的最佳方式要根据不同的场合及环境而定。

二、操作程序

1.给每名学生发一张纸。

2.老师发出单项指令：大家闭上眼睛—全过程不许问问题—把纸对折—再对折—再对折—把右上角撕下来，转180度，把左上角也撕下来—睁开眼睛，把纸打开。

3.让一名学生上来，重复上述的指令，唯一不同的是这次学生们可以问问题。

三、讨论

完成第二步之后可以问大家，为什么会有这么多不同的结果（也许大家的反应是单向沟通不许问问题所以才会有误差）。完成第三步之后再问大家，为什么还会有误差（希望说明的是，任何沟通的形式及方法都不是绝对的，它依赖于沟通者双方彼此的了解，沟通环境的限制等，沟通是意义转换的过程），沟通的障碍有哪些。

【情境拓展】

测测你的沟通能力

测试题：

1.你跟新同学打成一片一般需要多久

A.一天

B.一个星期

C.十天甚至更久

2.当你发言时有些人起哄或者干扰，你会

A.礼貌地要求他们不要这样做

B.置之不理

C.气愤地走下台

3.上课时家里有人来找你，你恰好坐在后排，你会

A.悄悄地暗示老师，得到允许后从后门出去

B.假装不知道,但心里很焦急,总是精力不集中

C.偷偷从后门溜出去

4.放学了,你有急事要快点走,而值日的同学想让你帮忙打扫教室,你会

A.很抱歉地说:对不起,我有急事,下次一定帮你

B.看也不看地说:不行,我有急事呢

C.故意听不见,跑出教室。

5.开学不久你就被同学选为班长,你会

A.感谢同学们的信任和支持,并表示一定把工作做好

B.觉得没什么大不了的,只是要求自己默默地把工作做好

C.觉得别人选自己是别有用心,一个劲地推脱

6.有同学跟你说:"我告诉你件事儿,你可不要跟别人说啊……"这时你会说

A.哦! 谢谢你对我的信任。我不是知道这件事的第二个人吧

B.你都能告诉我了,我怎能不告诉别人呢

C.那你就别说好了

7.老师布置你和另一位同学一起完成一项任务,而这位同学恰恰对你不怎么友好,你会

A.大方地跟他握手,说:今后我们可是同一条船上的人啊

B.勉强接受,但工作中绝不配合

C.坚决向老师抗议,宁可不做

8.你和别人为一个问题争论,眼看就要闹僵了,这时你会

A.立即说:好了好了,我们大家都要静一静,也许是你们错了,当然,也有可能是我的错

B.坚持下去,不赢不休

C.愤然退场,不欢而散

计分标准:

选 A 计 3 分,选 B 计 2 分,选 C 计 1 分。

结果分析:

1.**得分为 8~12 分**

表明你的沟通能力较弱。由于你对沟通能力的重视不够,而且也没有足够的自信心,导致你在成长的道路上常常与一些机遇擦肩而过。你应该以轻松、热情的面貌与同学进行交流,把自己看作是集体中的一员。同时,对别的同学也不要存在任何偏见。经常与人交流,取长补短,改变自己拘谨封闭的状态。记住:沟通能力是成功的保证和进步的阶梯。

2.**得分为 13~19 分**

表明你的沟通能力较强,在大多数集体活动中表现出色,只是有时尚缺乏自信心。还需加强学习与锻炼。

3.得分为 20~24 分

表明你的沟通能力很好。无论你是普通学生还是学生干部都表现得非常好,在各种社交场合都表现得大方得体。你待人真诚友善,不狂妄虚伪。在原则问题上,你既能善于坚持并推销自己的主张,同时还能争取和团结各种力量。你自信心强,同学们都信任你,班级在你的领导下充满团结和谐的气氛。

【情境链接】

有效沟通的"7C 原则"

美国著名的公共关系专家特立普和森特合著了被誉为"公关圣经"的《有效的公共关系》,提出了有效沟通的"7C 原则"。

1. Credibility:可信赖性

建立对传播者的信赖。

2. Context:一致性(情境架构)

传播须与环境(物质的、社会的、心理的及时间的环境,等等)相协调。

3. Content:内容的可接受性

传播内容须与受众有关,必须能引起他们的兴趣,满足他们的需要。

4. Clarity:表达的明确性

信息的组织形式应该简洁明了,易于公众接受。

5. Channels:渠道的多样性

应该有针对性地运用传播媒介以达到向目标公众传播信息的作用。

6. Continuity and consistency:持续性与连贯性

沟通是一个没有终点的过程,要达到渗透的目的,必须对信息进行重复,但又须在重复中不断补充新的内容,这一过程应该持续坚持下去。

7. Capability of audience:受众能力的差异性

沟通必须考虑沟通对象能力的差异(包括注意能力、理解能力、接受能力和行为能力),采取不同方法实施传播才能使传播易为受众理解和接受。

模块二

感 知

引 例

美国普林斯顿大学做了一个实验,他们将55名自愿被试者分别独自地关闭在几乎隔音的暗室里。为了尽量剥夺感觉,被试者的手上套有长至肘部的棉手套,蒙上眼罩。他们的头套在一个U形枕头里以降低听觉刺激,同时,空气调节器发出单调的声音,以限制听觉。这些被试者就这样没日没夜地躺在小床上,或者百般无聊地昏睡,或者胡思乱想,所有的人都感到难以忍受的痛苦,有的人还产生幻觉。

4天以后,研究者对被放出来的被试者进行了各种测验,发现他们的各种能力都受到损害。而他们要恢复正常状态,则需要1天左右的时间。心理学家在其他大学做了类似的剥夺感觉实验,其情形也是如此。

我们对世界的感知,一部分依赖于对客观事物的感觉,另一部分——可能是更重要的一部分,来自我们的思维。

——美国心理学之父威廉·詹姆斯

有些东西是用眼睛看不到的,如黑暗中的物体,却可以凭借手和身体去感知它们的存在;有些东西是我们无法用手和身体触摸到的,如远处的物体或者是风景,却可以用眼睛来感知它们的存在;有些东西我们无法用眼睛看到,也不能用手和身体去触摸,如歌声、音乐及话语等,却可以用耳朵来感知它们的存在;还有一些东西,是我们靠感官无法直接感觉的,如紫外线、红外线、细胞、粒子与电磁波等,但可以制造各种仪器和借助工具来感知它们的存在。

感觉,是介于心理和生理之间的活动,它的产生主要来源于感觉器官的生理活动以及客观刺激的物理特性。感觉仅依赖个别感觉器官的活动,反映的是事物的个别属性。

知觉,产生的前提是头脑中的感觉信息,并且与感觉同时进行。知觉反映事物的整体,即事物的各种不同属性、各个部分及其相互关系,依赖多种感觉器官的联合活动,表现出人的知识经验和主观因素的参与。

感知,是客观事件通过感觉器官在人脑中的直接反映,是认识世界的开端,是人获得感性知识的主要形式。只有在感知的基础上,人们才能进行思维,获得理性认识,进而产生情感、意志及自我意识等高级心理活动。

情境一 感知的种类

一、感觉的种类

根据感觉反映事物的个别属性和特点的不同,可将感觉分为两大类:外部感觉和内部感觉。

(一)外部感觉

外部感觉接受外界刺激,并反映它们的属性,包括视觉、听觉、嗅觉、味觉、肤觉(触觉、压觉、温度觉及痛觉)。这类感觉器官位于身体表面,或接近身体表面的地方。

当刺激持续作用于人的感官时,人对刺激的感受性会发生变化,这种现象叫感觉适应。在以上各种感觉中对人影响最大的是视觉,其次是听觉。我们所获得信息的80%是通过视觉获得的,10%是通过听觉获得的。

视觉适应很明显,可以分为暗适应和明适应。如白天进电影院看电影时出现的暗适应(感受性提高的过程);出来时的明适应(感受性降低的过程)。

"如入芝兰之室,久而不闻其香……如入鲍鱼之肆,久而不闻其臭",这就是嗅觉的适应。其适应速度以刺激物的性质为转移。一般气味只要经过1~2分钟就可以适应,强烈的气味则要经过10多分钟才能适应,特别强烈的气味令人厌恶则难以适应。研究表明,嗅觉刺激可以唤起人们的记忆和情绪。

味觉敏感性一般在食物温度20℃~30℃时最高。机体状态也会影响味觉敏感性,美国佛罗里达大学味觉专家琳达·巴特舒克(Linda Bartoshuk)博士研究发现,人类因味觉引起的情绪反应是固定的。

触压觉适应很明显。人在安静坐着时,几乎觉察不到衣服的接触和压力。我们经常看到老人把眼镜移到自己的头上却到处找眼镜。实验证明,只要经过3秒钟,触压觉的感受性就下降到原始值的25%。

温度觉的适应也明显。如在游泳时,开始觉得水冷(热),经过三四分钟后就不觉得水是冷(热)的。但是对于特别冷或特别热的刺激则很难适应或完全不能适应。

痛觉的适应是很难的,即使有也极为微弱,只要注意力一集中到痛处,马上会感到疼痛。

(二)内部感觉

内部感觉是指接受机体本身的刺激,反映自身的位置运动和内脏器官不同状态的感觉。内部感觉包括运动觉(身体的位置变化和运动,如闭眼、两个食指接触、后背挠痒)、平衡觉(头部运动的速率和方向,如转圈再行走、体操表演、晕车晕船、宇航员失重)、机体觉(内脏的活动和变化,如身体疲劳、饥渴和内脏器官工作不正常)。当内脏器官工作正常时,各种感觉便融合为一种感觉——自我感觉。

二、知觉的种类

(一)物体知觉

1.时间知觉

时间知觉是人脑对客观事物的延续性和顺序性的反映。人们对时间的知觉不能通过感官直接获得,因为时间既没有开始也没有结束,从无穷的过去直到无穷的将来。

(1)时间知觉的四种形式

①对时间的分辨,指按时间顺序把不同的活动区分开。

②对时间的确认,如知道今天是1月1日,现在是早晨7点。

③对持续时间的估量,如知道这门课已上了1个小时。

④对时间的预测,如知道3天后就是寒假。

(2)时间知觉的依据

①自然界的周期性现象。太阳的升落、昼夜的交替、四季的变化及月亮的圆缺等周期出现的自然现象,为我们估计时间提供了客观的依据。

②有机体的节律性活动。人们依据身体组织的节律性活动估计事件持续的时间,如根据饥饿感估计现在该是吃晚饭的时候了。生物钟给我们提供了时间的信息。

③已认识的计时工具。如日历、时钟及手表等也可准确地记录时间。

(3)影响时间知觉的因素

①感觉通道的性质

在判断时间的精确性方面,听觉最好,触觉其次,视觉较差。

②事件的数量性质

在一定的时间内,事件发生的数量越多,性质越复杂,时间估计得越短;反之,人们倾向于把时间估计得越长。在回忆往事时恰恰相反:同样一段时间,经历越丰富,越觉得时间长;经历越单调,越觉得时间短。

③主体的兴趣情绪

人对自己感兴趣的事情,会不觉得时间的延续,从而产生对时间的低估;相反,人对自己没兴趣的事情,会觉得时间流逝缓慢,从而产生对时间的高估。在期待某种事件时,会觉得时间过得很慢;在逃避某种即将发生的事件时,会觉得时间过得很快。

2.空间知觉

空间知觉是人脑对物体的空间特性的反映,是对物体的形状、大小、距离及方位等空间特性的知觉。空间知觉是通过后天学习获得的,它是由视觉、触觉及动觉等多种感觉系统协同活动的结果,其中,视觉起着主要的作用。一个人不能认识物体的形状、大小、方位及距离等空间特征,就不能正常地生活。

(1) 形状知觉

形状知觉是靠视觉、触觉和动觉来实现的。在用手的抚摸感知物体形状时,触觉和动觉也起着重要的作用。所有这些连续性的刺激,给大脑提供了物体形状的信息,经过大脑的分析和综合,产生了形状知觉。

(2) 大小知觉

对象通常是在比较熟悉的环境中被知觉,所以熟悉的物体就提供了对象距离和实际大小的线索,这些线索同视觉、触觉、动觉所提供的信息一起,形成了大小知觉。

(3) 方位知觉

方位知觉是对人或物体的空间位置与方向的知觉,是各种感觉协同活动的结果,人主要是使用视觉和听觉来辨别方位。

① 视觉定位

当人用眼睛环顾周围时,环境中的物体就在视网膜上形成了不同的投影。投影的相对位置不同,以环境中某些熟悉的物体的位置为参照点,就形成了物体的方位知觉。

② 听觉定位

两耳离声源距离的不同所造成的两耳声音刺激强度差别、时间差别及位相差别就成为人对声音方位知觉的主要线索。

(4) 距离知觉

距离知觉就是深度知觉和立体知觉。外部世界在视网膜上的投影是平面的二维视像,但却能被知觉为三维的图像,并对图像的远近距离作出正确的判断。

3.运动知觉

运动知觉是人脑对物体空间位移的知觉,为人类正常的生活与工作提供了前提条件。例如,行人穿越马路,既要估计来往车辆的距离,也要估计它们行驶的速度。

(1) 真动知觉

真动知觉是指物体发生实际的空间位移所产生的运动知觉,运动知觉直接依赖于对象运动的速度。如果物体运动得太慢,人是感觉不到它的移动的,例如,自然中花朵的绽放等;如果物体运动得太快,人同样感觉不到它的移动,例如高速转动的车轮等。

运动物体距离近,看起来运动快;运动物体距离远,看起来运动慢;运动物体在广阔的空间运动看起来慢,在狭窄的空间运动看起来快;在垂直方向上运动比在水平方向上运动看上去速度要快得多。

(2) 似动现象

似动现象是将实际不动的物体知觉为运动的,或在没有连续位移的地方看到了连续的运动。似动现象的主要形式有以下三种。

① 动景运动

当两个刺激物按一定的空间距离和时间间隔相继呈现时,人就会感觉到一个刺激物在向另一个刺激物做连续运动,这就是动景运动。电影就是按照动景运动的原理制成的。

② 诱发运动

由于一个物体的运动使相邻的一个静止的物体产生运动的印象,叫诱发运动。例如,由于夜空中的浮云是运动的,使人们感觉到好像是相对静止的月亮在云朵间穿行。

许多电影的特技镜头就是利用诱发运动的原理来拍摄的。

③自主运动

如果你在黑暗的房间紧盯一个燃烧的烟头,过一段时间后,便会感觉它似乎在不停地游走,这就是自主运动。

(二)社会知觉

1947年,美国心理学家杰罗姆·布鲁纳在知觉研究中采用了社会知觉的概念,是对社会对象的知觉,用来指知觉的社会决定性。即在社会环境中对于有关个人或群体特征的知觉,不仅是对人的表情、语言及体态等外部特征的印象,还包括对人与人之间的关系、内在的动机、意图、观点、信念及个性特点等内心本质的推测和判断。社会知觉是对有关他人的信息加以综合并解释的过程,受多方面影响。

1.社会知觉的范围

(1)对人的知觉

①他人表情

表情是情绪的主观体验的外部表现模式。人的表情主要有三种:

A.面部表情

在诸种表情中,面部表情是一种重要的社会刺激物,能反馈人的身心状态,既有先天因素,也有后天习惯的部分。

B.语言语调表情

语言语调表情指说话时的语气、语调、语速及重音等特征。人们通过语言语调表情判断他人的情绪状态,其准确性往往与通过面部表情判断一样。

C.身体姿态表情

身体姿态表情即姿势和体态,可显示个体的情绪状态。其中,双手姿势是较为敏感的。

②他人人格

个体将他人的许多有意义的特征进行比较、概括与综合,形成一个总体印象。但这些特征的重要性不一样,有些处于知觉中心,有些则处于知觉的边缘。许多研究发现,热情还是冷漠在对他人人格知觉中处于中心位置,是中心特征;而文雅还是粗鲁则被认为是边缘特征。

(2)对人际关系的知觉

对人际关系的知觉包括自他关系认知,即自己与他人的关系;他他关系的认知,即他人与他人的关系。

(3)对社会事件因果关系的知觉

对社会事件因果关系的知觉包括对自己行为原因的认知,对他人行为原因的认知。

2.社会知觉的独特性

(1)认知对象的独特性

社会知觉的对象是有意识的人、复杂的社会环境和人际关系,而人们对这些对象的知觉又是通过一些特殊的介质进行的。例如,通过他人的言行、表情、态度等来认识和判断。但无论是知觉的主体还是对象都会掩饰内在动机,所以,社会知觉判断经常会不准确。

(2)对他人行为的期待会影响社会知觉过程

社会知觉的主客体能够理解彼此的行为对对方的利害关系,于是知觉者和被知觉者都可以有意识地操纵和利用彼此。当个体能够预测他人可能作出的行动时,便可以预先计划自己的行动。

3.社会知觉加工过程的特殊性

社会知觉往往根据他人的外表和行为进行概括和判断,而且更容易以点带面地对信息进行加工处理。所以,个人的经验会严重影响社会知觉的过程。

4.社会知觉中的偏差

(1)首因效应

首因效应又称为首次效应、优先效应及第一印象效应,指交往双方形成的第一次印象对后续交往关系的影响,即"先入为主"带来的效果。虽然这些第一印象并非客观,但却是鲜明的、牢固的。1957年,美国心理学家洛钦斯根据实验结果提出首因效应。

【案例】

中国文学史上第一部章回小说《三国演义》中有这样的情节:

凤雏庞统当初准备效力东吴,于是去面见孙权。孙权见到庞统相貌丑陋,心中先有几分不喜,又见他傲慢不羁,更觉不快。最后,这位广招人才的孙仲谋竟把与诸葛亮比肩齐名的奇才庞统拒于门外,尽管鲁肃苦言相劝,也无济于事。

众所周知,礼节、相貌与才华绝无必然联系,但是礼贤下士的孙权尚不能避免这种偏见,可见第一印象的影响之大。

(2)近因效应

近因效应又称为最近效应,指在总体印象形成的基础上,新近获得的信息比原来获得的信息影响更大的现象。1957年,洛钦斯根据实验结果提出近因效应。

【案例】

毕业生小王虽然相貌平平但比较自信,他到一家单位参加面试。

进考场后,考官仅仅问了他是哪个学校毕业的,是什么地方的人等几个简单的问题后就说面试结束了。正当他要离开考场时,主考官又叫住他,说:"你已回答了我们所提出的问题,评委觉得不怎么样,你对此怎么看?"小林立刻回答:"你们并没有提出可以反映我的水平的问题,所以,你们也并没有真正地了解我!"考官点点头,说:"好,面试结束了,你出去等通知吧。"结果小王收到了录取通知。

(3)定型效应

定型效应又称为刻板效应,指对一群人的特征或动机加以概括,把概括结果归属于团体的每一个人,认为他们都具有这种特征,而无视团体成员的个体差异。

【案例】

人们常说无头苍蝇乱撞,但其实苍蝇比蜜蜂的思维更加灵活,这来自于一个著名的实验:

分别把六只苍蝇和六只蜜蜂装到瓶子里,将瓶子平放,但是瓶底朝向窗户,这时蜜蜂就会遵循平时的一个亮光原则,拼命地朝瓶底飞去,但是苍蝇却灵活得多,根本不管哪里有光,而是积极地寻找出口,不一会儿就冲出了瓶子。

这就是蜜蜂形成的思维定式,它认为有光的地方,就肯定有出口,没想到反而让它陷入了死局,最后只能撞死或者饿死。

(4)晕轮效应

晕轮效应又称为光环效应、成见效应,由美国心理学家爱德华·桑代克于20世纪20年代提出。即在人际交往中,容易抓住事物的个别特征,习惯以个别推及一般,以偏概全。把并无内在联系的一些个性或外貌特征联系在一起,并认定有这种特征必然会有另一种特征;认为好就全都肯定,认为坏就全部否定,是一种受主观偏见支配的绝对化倾向。

例如,学生会觉得看起来温和的老师相对于冷漠的老师有更好的教学质量。同理,老师也可能因为看到字写得工整漂亮的卷子而认为书写者是一名优等生。因此大家可能都听老师说过,在统考的时候一定要书写优美,因为改卷老师在看不见学生名字的情况下,对字迹工整的学生会有一定的偏好。

(5)投射效应

投射效应指将自己的特点归因到他人身上。人很容易把自己的意志、情感及特性投射到他人身上,也就是推己及人。

投射效应是一种严重的认知心理偏差,有两种表现形式:一是感情投射,即认为别人的好恶与自己相同,进而按照自己的思维方式去影响他人;二是认知缺乏客观性。具体而言,投射效应有以下三种表现:

①相同投射

与陌生人交往时,由于彼此不了解,很容易发生相同投射效应,在不知不觉中从自我出发作出判断。例如,有的培训者在讲解时对某些知识点不加说明,以为是十分简单的道理不用多讲,但是培训者认为很简单的知识对于受训者则未必。这种情况在于忽视了自己与对方的差别,在意识中没有把自我和对象区别开来。

②愿望投射

愿望投射即把自己的主观愿望强加给对方的投射现象。例如,一个自我感觉良好的学生,希望并相信老师一定会给他的作业好评,结果就把老师的一般性评语理解成赞赏的评价。

③情感投射

一般情况下,人们对自己喜欢的人会越来越觉得优点很多,对自己不喜欢的人则会越来越觉得缺点很多。于是过度地吹捧、赞扬自己喜欢的人,严厉指责自己不喜欢的人。这种认为自己喜欢的人或事是美好的,自己讨厌的人或事是丑恶的,并且把自己的感情投射到这些人或事上进行美化或丑化的心理倾向,失去了人际沟通中认知的客观性。

(6)对比效应

对比效应又称为感觉对比,指人在认识某一个事物时,把与它相关的事物列举出来进行参照对比,就更能显示出各自的特点。例如,取两张色彩一致的纸,一张放在较暗的背景上,彩纸的色彩看起来较明亮;另一张放在较明亮的背景上,彩纸的色彩则看起来较暗。在许多情况下,决定一个人能否脱颖而出的原因,并非超群的能力,而是一些让人感动的细节。

【案例】

小王大学毕业后来到一家公司面试,前来面试的人很多,甚至还有一些业内的精英。第一轮面试完毕后,小王和另外一些应届毕业生站在公司门外等候消息。

公司经理出来宣布说需要招聘一位有经验的人员,他们都不合适,但决定送给每人一本手册做纪念。大家都很沮丧,便随意地用一只手接过经理双手递过来的手册。唯有小王双手接过手册,并恭敬地说了一声:"谢谢您!"经理微笑着拍了拍他的肩膀,询问他的名字。第二天,小王收到了录取通知,并得知此次录取的人员中只有他一个应届毕业生。

(三)错觉

错觉是对客观事物的一种不正确的、歪曲的知觉。错觉可以发生在视觉方面,也可以发生在其他知觉方面。错觉的种类很多,最常见的是视错觉(图 2-1)、听错觉、大小错觉、形重错觉(铁与棉花的重量)、运动错觉(观看瀑布时感到附近景物在上升的错觉)以及时间错觉等。

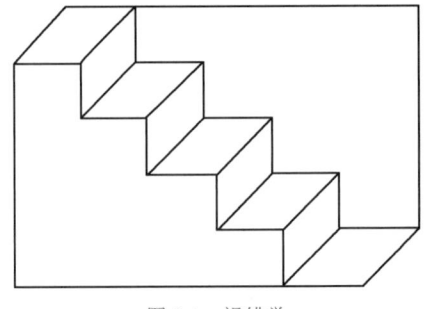

图 2-1 视错觉

注视图 2-1 数秒钟,将会发现有两种透视感:有时看似正放的楼梯,有时看似倒放的楼梯。

【案例】

孔子去东方游历,路上看见两个小孩在争论,便询问他们争论什么。

一个小孩说:"我认为太阳刚出来时离人近,到中午时离人远。"

另一个小孩说:"我认为太阳刚出来时离人远,到中午时离人近。"

一个小孩说:"太阳刚出来时大如车盖,到中午时小如盘子,这不正是远的东西显得小,而近的东西显得大吗?"

另一个小孩说:"太阳刚升起来时冷丝丝的,到中午时热得就像把手伸进热水中,这不正是近的就觉得热,远的就觉得冷吗?"

孔子一时不能决定谁对谁错。

两个小孩笑着说:"谁说你知识丰富呢?"

情境二　感知的特征

一、感觉的特征

(一)反映当前直接接触到的客观事物

感觉反映的是当前直接接触到的客观事物，而不是过去的或间接的事物。因此，记忆中再现的事物属性的印象，幻觉中各种类似于感觉的体验等都不是感觉。

(二)反映客观事物的个别属性

感觉反映的是客观事物的个别属性，而不是事物的整体。一切较高级、较复杂的心理现象都必须在感觉的基础上产生，感觉是人认识客观世界的开端。

(三)客观内容和主观形式的统一

感觉从对象和内容来看是客观的，即反映着不依赖于人的意识而独立存在的客观事物；感觉从形式和表面来看是主观的，人的任何感觉都受到了个性、经验、知识及身体状况等主体因素的影响。感觉以客观事物为源泉，以主观解释为方式和结果，是主、客观联系的重要渠道，是客观事物的主观现象。

二、知觉的特征

(一)选择性

某一瞬间，人不可能对众多事物进行感知，而总是有选择地把某一事物作为知觉对象，与此同时则把其他对象作为知觉对象的背景，这种现象叫知觉的选择性。被清晰反映的刺激物叫知觉的对象，被模糊反映的刺激物叫知觉的背景。

学生听教师讲课，教师的语言就成为学生知觉的对象，听得很清楚；而其余事物，如室外的声音、室内同学的私语，就成为背景，听不清楚。知觉选择过程就是迅速地从背景中选出知觉对象的过程。

图 2-2　是猫躲着老鼠还是老鼠躲着猫

知觉中的对象与背景是相对的，可以互相转换。某事物在一种情况下是知觉对象的刺激物，在另一种情况下则成为知觉的背景，而原来是背景的刺激物则成为知觉的对象。图 2-2 的双关图形，就是用来说明知觉对象与背景相互转换的例子。

(二)整体性

知觉的整体性，是人根据自己的知识经验把直接作用于感官的客观事物的多种属性，整合为统一整体的过程。如图 2-3 很容易被知觉为一个正方体。

(三)理解性

知觉的理解性，指人以知识经验为基础，对感知的事物加工

图 2-3　正方体

处理,并用词语加以概括,赋予说明的加工过程。一个人知识经验越丰富,理解就越深刻,知觉也就越完整、精确。

1. 把意义赋予没有意义的知觉图形

图2-4是一个斑点图,在感觉水平上看来,只是一些斑点的散乱排布,没有意义。而由于知觉的理解性,人们可以根据知识经验寻找斑点之间的联系,填补画面信息的不足,形成完整的知觉对象,并作出合理解释。

2. 把主观想法赋予客观世界

偏见是指人们携带着主观意识情感看问题或论人就事,常常是因人而异,浮于现象,总立足于自以为是的角度,或深或浅,依凭自我见解和见识的情感,发表"以偏概全"的论说和观点。错误地判断、盲目地推理、无知地肯定和否定,都是造成偏见的因素。

图2-4 斑点图

【案例】

有一个人丢失了一把斧头,心里怀疑是邻居的儿子偷去了。所以,这个人看邻居的儿子走路的姿势,像是偷了斧头的样子;看他的面部表情,像是偷了斧头的样子;听他讲话的语气,也像是偷了斧头的样子。总之,观察他的言行举止,都像是偷了斧头的样子。

不久,这个人去自家的地里掘地,找到了丢失的斧头。隔了几天,他再看邻居儿子的一举一动,都不像是偷了斧头的样子。

3. 外行与内行的看法不同

看一架机器,外行只看到它的外形,内行能看到它的细节和性能;看一张X光胸片,外行只看到一些明暗不同的图形,放射科医生能看出健康与疾病。

4. 视网膜效应

走在大街上看见有两个人穿得和你一模一样,你会感慨怎么这么多人和你穿的衣服一样。在不经意间发现平时不关注的东西在关注的时候会一下子增加很多,这种现象就是心理学中所说的"视网膜效应"。当自己拥有一件东西或一项特征时,就会比平常人更会注意到别人是否跟自己一样具备这种特征。

美国成功学大师卡耐基就提出一个论点:每个人的特质中大约有80%是长处或优点,而20%左右是缺点。当一个人只知道自己的缺点是什么,而不知发掘优点时,视网膜效应就会促使这个人发现他身边也有许多人拥有类似的缺点,进而使得他的人际关系无法改善,生活也不快乐。

知觉恒常性

(四)恒常性

当知觉条件发生变化时,知觉的印象仍然保持相对不变,这就是知觉的恒常性。恒常性保证了知觉的精确性。

1. 亮度恒常性

不同光照条件下人对同一样物体的色彩判断保持一致,这就是亮度恒常性。例如,将黑、白两匹布,一半置于亮处,一半置于暗处,虽然每匹布的两部分亮度存在差异,但是人仍然把它知觉为一匹黑布或一匹白布,而不会知觉为两段明暗不同的布料。

2.大小恒常性

大小恒常性是指在一定范围内,人对物体大小的知觉不完全随距离的变化而变化,也不随视网膜上视像大小变化,其知觉映像仍按照实际大小知觉的特性。例如,一个人从我们面前走向教室后门,当距离逐渐增加时,我们没有把他看得越来越小。

3.形状恒常性

一扇门由全闭到全开,在视网膜上的投影是不一样的,但是对人的心理性知觉经验而言,门的形状保持长方形不变。无论你在教室的哪个地方看教室的门,也无论教室的门是开着的还是关着的,你总把教室的门看成是长方形的(图2-5),这就是形状恒常性。

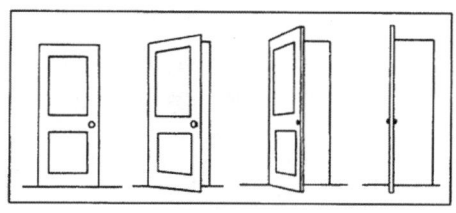

图 2-5 形状恒常性

4.色彩恒常性

色彩恒常性是指不因外界环境变化而保持对客体色彩知觉不变的心理倾向。实验表明,不论环境的光照色彩和亮度如何变化,人类视觉系统都能轻松地识别出目标且在脑中实现对目标物体色彩的恢复。例如,用红色光照射白色的物体表面,我们看到的不是红色,而是在红光照射下的白色。

情境三 感知规律

感知规律,即通过感觉器官来了解客观事物,能获得生动、具体即直接的知识,能增强人的理解效果,而且只有在获得大量有关事物的感性知识基础上才能进行复杂的思维活动。

一、感知规律的特征

(一)兴奋和抑制的扩散与集中

神经系统有兴奋和抑制两种活动形式。兴奋指神经细胞的活动状态,如学习时大脑就处于兴奋的状态;抑制指神经细胞处于暂时性减弱或者停止的状态,如睡觉时大脑就处于抑制状态。

扩散是兴奋或抑制从原发点向四周扩散开来;集中是兴奋或抑制从四周向原发点集中过来。例如,一个令人高兴的信息,会让人高兴得手舞足蹈,然后又会慢慢冷静下来。

(二)兴奋和抑制的相互诱导

诱导是由兴奋过程引起或加强抑制过程,以及由抑制过程引起或加强兴奋过程。

1.正诱导

正诱导是指由抑制过程引起或加强兴奋过程。例如,因为睡得早,第二天精神状态很好。睡觉是一个抑制状态,精神好是一个兴奋状态,最后的结果是兴奋的。

2. 负诱导

负诱导是指由兴奋过程引起或加强抑制过程。例如,因为工作睡得晚,第二天无精打采。工作是兴奋状态,导致无精打采的抑制结果。

3. 同时性诱导

同时性诱导指抑制过程和兴奋过程是同时进行的。例如,当你聚精会神看书时会忽略他人说话。在看书时大脑管看书的区域是兴奋的,而管听力的区域被抑制住了所以听不见他人说话,并且二者是同时进行的。

4. 相继性诱导

相继性诱导指兴奋过程和抑制过程的发生有先后顺序。例如,看书时间长了觉得脑子很累,有助于睡眠。在大脑同一个部位,看书的时候兴奋,睡眠的时候抑制。

二、感知规律的种类

(一)目的律

目的越明确,感知越清晰。例如,即使孩子多次去过动物园,但若每次去时没有特定目的,则对某些动物也没有深刻、清晰的印象。而生物老师带领学生参观动物园时会突出观察目的,学生对动物园里的动物就会有更清晰、更深刻的印象。

(二)强度律

对被感知的事物,必须达到一定的强度才能感知得清晰。例如,电闪雷鸣容易感知,蝴蝶扇动翅膀不容易感知。

(三)差异律

差异律强调刺激的强度。观察对象与背景的差别越大,对象就被感知得越清晰;观察对象与背景的差别越小,对象就被感知得越不清晰。例如,万绿丛中一点红,这点红就容易被感知;宋代诗人杨万里描写的"儿童急走追黄蝶,飞入菜花无处寻"情景,就是黄蝶和黄色油菜花的色彩差异很小所以不易被感知。

(四)对比律

凡是显著不同甚至互相对立的事物,就更容易被清楚地感知。例如,一个两米多高的人和一群中等身高的人站在一起,两米多高的人更容易被感知。

(五)活动律

活动的物体比静止的物体更容易被感知。例如,晚上闪烁的霓虹灯比静止的路灯更容易被感知。

(六)组合律

凡是空间上接近、时间上连续、形式上相同、色彩上一致的观察对象形成整体更容易为人们清晰地感知。例如,在一堆杂物中选出尺寸相差不大,色彩相近的若干件物体排列起来比较,就容易看出彼此的差异。

(七)协同律

在观察事物的过程中,有效地发动各种感知器官,分工合作,协同活动,可以提高观察的效果。例如,学习时要"五到",即眼到、耳到、口到、手到和心到。

情境四 心理暗示

俄国心理学家巴甫洛夫:暗示是人类最简单、最典型的条件反射。

心理暗示是人接受外界或他人的愿望、观念、情绪、判断及态度影响的心理特点。是日常生活中最常见的一种心理现象,是一种无意识的自我保护能力和学习能力。当人处于一个环境中时,会无时无刻不被这个环境所"同化"。因为人的感觉、知觉、记忆、情感等方面的心理潜力非常大,再加上心理具有自觉性、能动性的特点,可以不同程度地受到暗示。

心理暗示不仅对人的心理或行为发生影响,还会引起生理变化。例如,在实验室里反复给被实验者喝大量的糖水,经过检验,可以发现其血糖增高,出现糖尿并且尿量增多等生理变化。后来,不给糖水,实验者用语言暗示,同样会发生上述生理变化。

心理暗示就像人类的影子,只要有思维存在的地方它就会存在。心理暗示是人的一种本能,不具有分辨力,无论你是否愿意都已经受到心理暗示了,而且无时无刻不在接受。心理暗示就像一把双刃剑,可以救治一个人,也可以毁掉一个人,关键在于接受心理暗示的个体如何运用并把握暗示的意义。

一、心理暗示的种类

生活在社会中的每一个人都经常使用着心理暗示,或暗示他人,或接受他人的暗示,或进行自我暗示。

(一)他人暗示

他人暗示又称为他暗示,指个体在与他人交往过程中,他人使自己的情绪和意志发生作用的一种心理现象。"望梅止渴"的故事就是一个典型范例。

他人暗示的效果常与暗示者的身份、威望以及暗示者与受暗示者的相互关系等因素有关。他人暗示时要注意受暗示者的个性特点,做到轻重适度,方式得体,因人而异。有些人喜欢接受语言暗示,有的人则更乐于接受眼神、手势等非语言暗示。如果运用不当,会挫伤受暗示者的积极性,不仅达不到效果,甚至还会出现不良影响。

【案例】

一个工厂从附近农村招募了许多工人,工人们总觉得车间里的空气太少,不习惯在车间里工作,导致工作效率降低。后来厂方在窗户上系了一条条轻薄的绸巾,这些绸巾不断地飘动,暗示着空气正从窗外涌进来。工人们由此祛除了心病,工作效率随之提高。

(二)自我暗示

自我暗示指由于周围环境的影响,在自我心理因素的作用下,对自己的思想、行为提出新的要求,使情绪与意志发生作用。例如,一个人感到自己病得很重,可当医生检查完毕表示没什么事时,即使没有用药病人也会感觉轻松许多,这就是自我暗示的结果。

【案例】

英国作家索利恩所著的心理小说《新鲜空气》中描述了这样一个故事:

主人公威尔逊喜欢新鲜空气,在一个奇寒的冬天,他到一家高级旅馆住宿,窗户都封闭得很严紧。尽管房间里很舒服,但威尔逊一想到新鲜的空气一丝都透不进来就苦恼得辗转难眠。无法忍受的他便捡起一只皮鞋朝一块玻璃样的东西砸去,听到了玻璃碎裂的声音后,才安然进入梦乡。第二天醒来,展现在他眼前的是完好的窗户和墙边破碎的眼镜。

按照心理学和相关学科的分类,自我暗示分为三个层次:

1. 第一个层次

第一个层次是日常的语言文字系统的自我暗示。例如,一个人如果故意对他人说心情不好,每见到一个人就说"我心情不好,别碰我",说得多了就会真的心情不好,这种情况是经常发生的。

2. 第二个层次

动作、表情等非语言信息对人有非常强烈的自我暗示作用。例如,保持微笑的表情能给自己带来好的心情。

3. 第三个层次

第三个层次是环境语言的自我暗示。周围的环境、大自然每天都在暗示着人们。例如,当人们见到大海时,不由得感觉心胸开阔起来;见到高山时,不由得感觉自己庄严沉稳。环境暗示是不可抗拒的,不仅体现在自然环境中,社会环境中的社会文化同样对人有暗示作用。

二、心理暗示效应

心理暗示效应是指在无对抗的条件下,用含蓄、抽象诱导的间接方法对人的心理和行为产生影响,从而诱导人按照一定的方式去行动或接受一定的意见,使其思想、行为与暗示者期望的目标相符合。不自信且意志力差的人,易受到他人暗示的影响。

在日常生活中,一定要认真对待各种语言暗示、非语言暗示、行为暗示、信誉暗示及情境暗示,等等。当感觉到了来自他人的暗示,甚至已经导致身心发生改变时,一定要注意分析暗示的来源、原因以及对自己的作用,尽量做到接纳积极暗示,摒弃消极暗示。

在与他人交往时,如果发现他人有可能受到自己的暗示时,也要注意暗示的方式和程度,尽量使他人接受积极的、适度的暗示。

(一)积极的心理暗示

从心理学角度来分析,语言中的每一个词、每一句话,都是外界事物和生活现象的代表,在大脑中都有反映,对人体起着重要的启示作用。德国有研究发现,如果患者真的相信药物会发生作用,在使用假药的情况下,也会导致其大脑释放止痛物质,达到与使用真药一样的效果。很多疾病都是情绪的出口,接受了好的心理暗示,情绪高昂时免疫能力就会增强。

1. 巴纳姆效应

积极作用：说你优秀，你就会越来越优秀。

巴纳姆效应又称为福勒效应，产生的原因在心理学上被认为是"主观验证"的作用。即如果想要相信一件事，人们总可以搜集到各种各样支持自己的证据，找到一个逻辑让它符合自己的设想。

1948年，美国心理学家伯特伦·福勒通过实验解答了这个问题。他给一群人做完人格检查后，拿出两份结果让参加者判断哪一份是自己的结果。事实上，一份是参与者自己的结果，另一份是多数人的回答平均起来的结果，参赛者竟然认为后者更准确地表达了自己的人格特征。实验证明，每个人都很容易相信一个笼统的、一般性的人格描述特别适合他，即使这种描述十分空洞，仍然认为反映了自己的人格面貌。

人在情绪低落或缺乏安全感时，心理的依赖性会增大，受暗示性比平时更强，因此会对一些笼统的、一般性的描述产生信任感。合理地利用巴纳姆效应，可以产生积极正面的影响。

【案例】

某位秀才进京赶考，梦到白菜种在墙上，被算卦的人解释成"白费劲儿"，他便收拾行李准备返乡。旅店老板说了句"这不是'高中'的意思吗？"于是秀才下定决心走进考场，果然考取了功名。

2. 霍桑效应

积极作用：你潜意识里认为自己是什么样的人，就能成为什么样的人。

霍桑效应指当被观察者知道自己成为被观察对象时，而改变自己的行为倾向。人在受到关注和重视的情况下，会不自觉地努力奋进，从而不断地进步。客观地讲，善意的谎言和赞美可以造就一个人；从自我的角度来讲，具有足够的自信心，不妄自菲薄，对自己有足够的重视度，暗示自己不懈努力就有可能获得成功。

【案例】

一家学校，在入学时会对每个学生进行智力测试，并按成绩分为优秀班和普通班，但是有一次却误把两个班的学生搞混了，真正聪明的孩子进入了普通班，但是一年之后，优秀班的成绩并没有出现异常，依然高于普通班。

3. 罗森塔尔效应

积极作用：你期望什么就会得到什么，说自己能行你就行。

罗森塔尔效应又称为皮格马利翁效应、人际期望效应，是一种社会心理效应，指对他人的殷切希望能戏剧性地收到预期效果的现象。即只要充满自信地期望，只要真的相信事情会顺利进行，事情一定会顺利进行。

【案例】

美国心理学家罗森塔尔考察某校，随意将18名学生的名字写下交给校长，并认真地说,经过科学测定这些学生都是智商型人才。18名学生在半年后都取得了很大进步,工作后也都在各自的岗位上作出了卓越成绩。

这个实验表明,教师收到实验者的暗示,不仅对名单上的学生抱有更高期望,而且有意无意地通过态度、表情和给予更多提问、辅导、赞许等行为方式,将隐含的期望传递给这些学生,学生则给老师以积极的反馈;这种反馈又激起老师更大的教育热情,维持其原有期望,并对这些学生给予更多关照。如此循环往复,以致这些学生的智力、学业成绩以及社会行为都朝着教师期望的方向靠拢,使期望成为现实。

(二)消极的心理暗示

消极的心理暗示积累到一定程度会造成难以扭转的悲观情绪,而事实上,这种情绪体验往往是不真实的,会扰乱人的心理、行为以及生理机能。内心极度痛苦的人很多时候并没有真正面临生存危机,是情绪失控致使其对所受到的负面刺激缺乏合理的认知,主观上夸大该刺激的强度,最终导致意志力的瓦解。

1.失败效应

消极作用:没有绝望的环境,只有绝望的心态。

失败效应又称为习得性无助,所谓习得性就是经验,从小开始这些习得性经验便决定着人的性格和能力,思维和认知。习得性无助包含三个相互关联的要素,即一个重要结果不受控制的环境;放弃反应;形成相应的认知,即预期所有自主行动都无法左右结果。

当过去的经历让一个人感受到无望、无助、无可奈何时,他选择接受这种无助,放弃尝试逃离这种负面情境的任何努力,以至于明明有机会有能力逃离时,却选择逆来顺受,放弃尝试并沉溺于这种无助。

【案例】

泰国的大象在表演时被拴在小小的木桩上,尽管挣脱木桩对于高高壮壮的大象来说易如反掌,但它们却不尝试。因为大象从小开始就被拴在木桩上,只要一试图逃跑,驯象人就会狠命地抽打它们。久而久之,大象就放弃了挣扎逃跑,即使长大了,力量已经不可同日而语时也顺从于现状。

2.野马效应

消极作用:情绪是人选择的结果,是有成本的。

野马效应指因一些细微小事等外在因素而造成情绪的巨大波动,使自己受到伤害的现象。

【案例】

俄国作家契诃夫创作的短篇小说《小公务员之死》描述了这样的故事:

小公务员伊凡在剧院里看剧时冲着一位将军的后背打了一个喷嚏,便唯恐将军会将自己的不慎视为特意冒犯而再三地道歉,弄得将军由毫不在意到真的大发雷霆;而执着地申诉自己毫无冒犯之心的小公务员,在遭遇将军的不耐烦与呵斥后竟一命呜呼了。

3.从众效应

消极作用:自己的积极性和创造力会被扼杀。

从众效应又称为羊群效应、乐队花车效应,俗称"随大流"。指个体的观念和判断力受到群体的影响,导致他对自己的判断没有自信,于是跟随着人群的脚步朝着一个方向盲目地走下去。

【案例】

一个晴朗的夜晚,满天星斗,公交站有许多人在等车。此时,一个人仰着脖子晃动着脑袋往天上寻看,在一旁的人好奇地以为他看到了人造卫星、流星或不明飞行物,也跟着向天空东张西望。其实,这个人只是脖颈酸痛,在做放松活动,并非观察天空,那些跟着仰望星空的人实际上是被从众效应左右了。

4.旁观者效应

消极作用:人成群会降低责任感。

旁观者效应又称为责任分散效应,指面对某一件事或者某项任务时,如果以一个人为单位去完成这项任务,此个体的责任感就会非常强,所作出的后续举动也比较积极。如果以一个群体为单位去完成同样的事和任务,群体当中的每个个体的责任感就会相对减弱,从而使整个任务在完成过程中出现一定的责任感缺失现象,导致任务失败。

【案例】

一间办公室,由最年轻的小王负责打扫卫生。后来,新来了一位年轻同事,小王就和新同事轮流打扫卫生。再后来,又新来了一位年轻同事,结果第二天上班时大家发现办公室无人打扫。原来,小王和先来的新同事都认为卫生应该由后来的新同事负责,而后来的新同事却认为卫生已经有人负责了,自己只需要做本职的工作就行了。

5.破窗效应

消极作用:恶习总易被模仿。

破窗效应指不良现象如果被放任存在,会诱使人们仿效,甚至变本加厉的现象。因为环境对人的心理形成和行为表现具有强烈的暗示性和诱导性。

【案例】

一家公司规定员工在工作时间必须佩戴工牌,否则每次罚款20元。最初,上百名员工中只有一两人没有照做,但管理层并没有严格执行该项规定进行罚款。一个月以后,发展到几乎一半的员工不佩戴工牌。员工对此事抱着可有可无的态度,管理层也没有令行禁止,严重影响了公司士气和员工的精神面貌。

6.鸟笼效应

消极作用:为多余物品添搭档。

指人们会在偶然获得一件原本不需要的物品的基础上,继续添加更多与之相关而自己并不需要的东西的行为。

【案例】

一个有洁癖的人收到的礼物是一只小猫,他只愿意养一些花花草草,不愿意养宠物,便打算第二天将小猫送人。结果第二天没送出去,只好去宠物商店给小猫买了猫粮。第三天下班回家,看到小猫冷得发抖,于是又给小猫买了小窝和一些玩具,慢慢地他竟然离不开小猫了。

7. 瀑布效应

消极作用:不经意间的错误行为给自己的生活造成阻碍。

瀑布效应指信息的发出者心理比较平静,但信息被对方接收后却产生了不一样的心理变化,并导致对方的态度和行为产生相应变化。这种心理现象如同瀑布一样,上面平静如常,下面却引起了飞溅的浪花。

【案例】

几个人谈起奖学金,女孩兴致勃勃地说他男朋友读书的时候每年都能领到。这时偏偏有一个人说:"只有那些家里穷的人才会拼了命学习,挤破脑袋想要那点儿奖学金来做生活费!"女孩顿时无语。

后来,女孩与其他人谈起这个人的行为,言辞间充满了愤怒。

8. 钟摆效应

消极作用:你感受到了多么开心的情绪,一定会感受到同等程度的悲伤。

钟摆效应指在特定背景的心理活动过程中,感情的等级越高,呈现的心理坡度越大,因此就很容易向相反的情绪状态进行转化,表现为多度性和两极性。一般情况下钟摆效应的周期为一个月,在一个月内情绪会有反弹。即你今天感到特别的幸福和满足,然而不出一个月,你一定会感受到特别的伤心和匮乏。

【案例】

清代小说家吴敬梓的讽刺小说《儒林外史》第三回里描述了这样的故事:

主人公范进参加科举考试20多次不中,一直生活在穷困之中,受人冷遇,遭人歧视。直到54岁他才中了秀才,乡试出榜那天,他一遍又一遍地确认,不敢相信自己坚持了这么多年终于成功了。随后不省人事,被人唤醒后便哭笑无常,疯疯癫癫。

9. 逆反效应

消极作用:理由不充分的禁止反而会激发人们更强烈的探究欲望。

逆反效应指一个人对外界的情感与行为作出负向的心理反应,并影响其后续行为的现象。当人的正常需要因受到外力干扰或限制而得不到满足时,他要么放弃或压抑这种正常需要,要么提高对这种需要的欲望、情绪和感情的强度,以产生更大的行为驱动力克服外力的干扰和限制,获取相应的价值事物来满足这种正常需要。

【案例】

18世纪,德国皇帝腓特烈一世决定引进对环境的适应能力强,产量又高的土豆。他用行政手段强迫边境的农民种土豆,违者重罚,但收效甚微。

腓特烈二世一登基就宣布土豆为皇家专用蔬菜,禁止平民食用。他下令在柏林郊区的皇家菜园里种植大量的土豆,由皇家军队 24 小时看守,同时吩咐看管别太尽责,如果有人偷土豆就装作没看见。

附近的农民对此十分好奇,议论纷纷,认为被国王当作宝贝的这种土豆一定不是普通土豆,很快就有农民把土豆偷回去种了。几年后,几乎全国的农民都偷偷地种了土豆。见到这种情况,腓特烈二世顺水推舟,修改法令,允许农民种土豆了。

10.诱饵效应

诱饵效应最先在消费品的选择中被发现,已经被证明是相当普遍的现象。经济学认为,人们在作选择时很少作不加对比的选择。那么,为了让消费者作出有利于商家利益的选择,营销人员便会安排一些诱人的"诱饵",从而引导消费者作出"正中商家下怀"的决策。

【案例】

家电商场首次推出家用烤面包机(售价 275 元)时,多数消费者不感兴趣。家用烤面包机到底是个什么玩意儿?它是好还是坏?我们真的需要在家里烤面包吗?有钱为什么不买旁边摆着的那台样式新颖的咖啡机?

一家营销调研公司提出了一个补救办法:再推出一个新型号的面包机,不仅个头大,价格也要比现有的型号高出一半左右。销量开始上升了(外带大量面包),尽管卖出的并不是大号面包机,为什么?就是因为消费者有了两个型号可以选择。既然一台比另一台的明显要大,也贵了很多,人们无须在真空中做决定了,他们会说:"我也许不大懂面包机,但我确实懂得,真要买的话,我宁愿少花点钱买那个小的。"

11.名片效应

名片效应指在交际中,如果表明自己与对方的态度和价值观相同,就会使对方感觉到你与他有更多的相似性。

【案例】

毕业生小王经历了几次面试失败,在最近一次应聘之前,仔细打听了该公司负责人的情况,发现这家公司的负责人曾有与自己相似的求职经历。于是在应聘时,他就对负责人讲自己的求职经历,以及怀才不遇的感慨。果然,得到了负责人的赏识,最终被顺利录用。

12.阿伦森效应

阿伦森效应指人们最喜欢那些对自己喜欢、奖励、赞扬不断增加的人或物,最不喜欢那些显得不断减少的人或物。

【案例】

小王大学毕业后分到一个单位工作,刚一进单位,为了给领导和同事们留下良好的第一印象他积极地表现了一番。他每天提前到单位打水扫地,节假日主动要求加班,领导布置的有些任务明明完成的难度很大,也硬着头皮一概承揽下来。小王的此时表现与其真正的思想觉悟、为人处世的一贯态度和行为模式相差甚远,夹杂着"过分表演"的成分,因而就难以长久地坚持。没过多久,小王就不打扫办公室了,还经常迟到,对领导布置的任务更是挑肥拣瘦。结果,领导和同事们对他的印象由好转坏,甚至比那些刚开始来的时候表现不佳的青年所持的印象还不好。

工作之初,小王在脱离自己一贯行为特点的情况下,错误地给领导和同事造成了"价值递减"的感觉,所以适得其反。

三、色彩的心理暗示

色彩的心理暗示

心理学家认为,人的第一感觉是视觉,而对视觉影响最大的是色彩。色彩可促进人体分泌荷尔蒙,而分泌荷尔蒙的多寡能影响身心健康和情绪。从远古开始,色彩就一直作用于人的心理,在当代社会的各个领域都已经普遍地使用着色彩。

色彩对人的心理效应是共有的,也是客观存在的。例如,源于大自然先天的色彩,蓝色的天空、红色的鲜血……看到这些,自然就会联想到与这些自然物相关的感觉体验,这是最原始的影响。

人对色彩的认知方法是多样的,多角度的。由于人在年龄、性别、经历、修养、性格、情绪及民族传统、宗教信仰、地区风俗和生活环境等方面不同,对色彩的心理暗示的感受也会不同。

(一)有彩色

有彩色指由纯色及它们之间不同比例混合后得到的成千上万的不同色彩。

1.红色

①积极作用

红色能触发人的自信、力量和热情,使人产生活泼、生动的感觉。

②消极作用

红色可以激发冲动、厌恶等情绪,接触过多会产生焦虑和身体受压的感觉。

2.橙色

①积极作用

橙色有利于发掘体内的热情,获得自信和愉悦,还可以激发创造性与抱负感。

②消极作用

橙色能令人产生积极表现的欲望,使用过多会使人沉湎于放纵自我的情绪中,导致独断专横、自以为是。

3.黄色

①积极作用

黄色是最明亮的色彩,会刺激人的快感神经,让心情变得愉快而爽朗。黄色能够在短时间内吸引人的兴趣,有助于激发乐观性与创造性灵感,提高智力、理解力与洞察力。

②消极作用

黄色是国际通用的警示色彩,会使人将注意力转向危险、不舒服的事物,也能激发好斗心理。

4.绿色

①积极作用

绿色可以平衡人的整体能量,使人身心放松,提高活力和愉悦感,增加敏感性和同情心,缓和过于激烈的情绪。

②消极作用

深绿色易使人产生低沉、消极及冷漠之感。长期处于单调的绿色,特别是深绿色的室内环境里,容易使人产生妄想。

5.蓝色

①积极作用

蓝色可以唤醒人的知觉,增强独立自主性,有集中注意力的效果,能将理性与情感联系在一起,获得心灵上的平和。蓝色还有助于消除由于生活压力而导致的紧张情绪,缓解孤独。

②消极作用

深蓝色会滋生低沉、郁闷的感觉,也会产生陌生感、孤独感。

6.紫色

①积极作用

紫色有助于平衡体力和精神力量,激发创造力,促进专注的思考力,令人产生高度自信。

②消极作用

紫色易使人敏感,引起忧郁和不安,产生悲伤、孤独等情绪。

7.粉色

①积极作用

粉色具有放松和安抚情绪的效果,有激发创造力的作用。

②消极作用

粉色会软化人的性格,使人变得怯懦,甚至沉浸于自我世界而变得忧郁。

8.褐色

①积极作用

褐色让人感到亲切、舒适,有助于提高直觉、感应力和辨别力,能使人心情轻松平静,促进情感上的稳定和平衡。

②消极作用

褐色给人以拒绝活力,生命力减少的感觉。

(二)无彩色

无彩色又称为中性色,指黑色、白色,以及不同比例的黑白色混合成不同深浅的灰色系列。

1.黑色

①积极作用

黑色能提高人的忍耐力和容忍度,有助于使特别敏感的人平静下来,使极端的人恢复平衡,可以激活人的下意识水平,帮助疏导冲动和疯狂的想法。

②消极作用

过多使用黑色会引起沮丧,强化消极情绪和思想。

2.白色

①积极作用

白色可以唤醒人的创造性,对精神、神经和情绪起到很好的安抚作用,有助于培养活力和获得支持性的情感。

②消极作用

白色会让人感到恐惧悲哀,变得无生气、过敏和抑郁。

3.灰色

①积极作用

灰色具有柔和多变的特点,明亮的灰色有助于稳定情绪,恢复健全的意识。

②消极作用

暗灰色给人以沉闷无力之感,不利于情感的表达,会过分压抑自己,以至于陷入焦虑的情绪中。

(三)光泽色

光泽色指能产生金属光泽的色,通常指金色、银色。

1.金色

①积极作用

金色是人体免疫系统的强力兴奋剂,帮助协调人的内在治疗能力,恢复体内平衡,恢复热情。

②消极作用

金色易使人犹豫不定、猜疑、钻牛角尖。过度装饰金色的环境会使人精神紧张,产生焦虑情绪。

2.银色

①积极作用

银色使人心境平和,具有安全感,能激发人的直觉、想象力、洞察力与心灵感应,帮助开发先天的知觉。

②消极作用

使人感觉单调、冷漠与沉闷。

【情境演练】

不可思议的图片——测测你的视觉感知能力

图 1

图 1:盯着中间四个黑点看 30 秒,闭上眼睛,对着天花板或墙壁的空白处慢慢睁开眼睛,你看到了什么

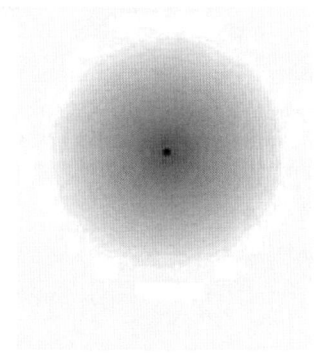

图 2

图 2:盯着黑点看,旁边的灰色阴影不见了

图 3

图 3:是静止的还是运动的

图 4

图 4：不可能三角形

【情境拓展】

感知模式偏好测定表

测试题：

	5	3	1
1.听比看能记住更多的内容	( )	( )	( )
2.看书面的说明比听口头说明容易	( )	( )	( )
3.喜欢记录或做笔记以便日后阅读复习	( )	( )	( )
4.用铅笔或钢笔书写时用力很大	( )	( )	( )
5.看图表或视觉指示时需加以解释、提示	( )	( )	( )
6.喜欢做摆弄器具的工作	( )	( )	( )
7.擅长并喜欢绘制图表	( )	( )	( )
8.能敏锐地辨别出不同声音	( )	( )	( )
9.学习材料抄写几遍后记得最牢	( )	( )	( )
10.能理解并根据地图上的图示说明看地图	( )	( )	( )
11.通过听讲座或音像制品学习效果较好	( )	( )	( )
12.爱玩硬币和钥匙	( )	( )	( )
13.大声重复朗读字母比在纸上拼写字母记忆单词效果更好	( )	( )	( )
14.读报比听收音机更能理解新闻材料	( )	( )	( )
15.学习时喜欢吃口香糖或零食	( )	( )	( )
16.记忆的最佳方式是将所学材料在脑中想象成一幅画面	( )	( )	( )
17.通过书写或抄写学习生字	( )	( )	( )
18.对教材内容愿听老师讲而不愿自己看	( )	( )	( )
19.长于玩拼板玩具(魔板)和走迷津	( )	( )	( )
20.喜欢通过眼睛看来学习	( )	( )	( )

21.了解新闻喜欢电子媒介而不愿看报　　　　　　　（　）（　）（　）
22.通过阅读参考资料来获取感兴趣的有关信息　　　（　）（　）（　）
23.与他人接触如拥抱、握手感到很舒服　　　　　　（　）（　）（　）
24.听口头说明比看书面说明容易　　　　　　　　　（　）（　）（　）

计分标准：
非常符合,选择5分;完全不符合选择1分;属于中间,选择3分。

计分方法：
将各题得分填入下表,并分别求得视觉、听觉、动觉的总分。

视觉		听觉		动觉	
题号	得分	题号	得分	题号	得分
2		1		4	
3		5		6	
7		8		9	
10		11		12	
14		13		15	
16		18		17	
20		21		19	
22		24		23	
总分		总分		总分	

不同感知模式者的学习风格：

1.视觉型学习者

(1)阅读时可利用各种不同颜色笔做标记、划重点

(2)读书前整理书桌保持整洁,只留必要用具以免分心

(3)将听到的重点尽快转化成文字或图表

(4)勤动手整理笔记

(5)善用教学视听媒体

2.听觉型学习者

(1)背书时大声朗诵,事半功倍

(2)书房保持安静很重要,若周围环境嘈杂时,可用一些无主题的轻音乐隔离噪声

(3)善用教学音像制品,或把画面数据通过播放让耳朵便于吸收

(4)在睡前听、看教学(或自制)音像制品以助学习

(5)上课时专心听讲

3.动觉型学习者

(1)利用各种感官如嗅觉、味觉、触觉去认识新事物

(2)保持读书环境空气流通、光线充足

(3)保持心情愉快很重要

(4)多透过比画手脚的方式去记忆

(5)动手做实验效果奇佳

【情境链接】

感知觉与沟通评估表

二级指标		评分标准	得分
意识水平	0分	神志清醒,对周围环境警觉	
	1分	嗜睡	
	2分	昏睡	
	3分	昏迷	
视力: 若平日戴近视镜或老花镜,应在佩戴眼镜的情况下评估	0分	能看清书报上的标准字体	
	1分	能看清大字体,但看不清书报上的标准字体	
	2分	视力有限,看不清报纸大标题,但能辨认物体	
	3分	辨认物体有困难,但眼睛能跟随物体移动,只能看到光、颜色和形状	
	4分	没有视力,眼睛不能跟随物体移动	
听力: 若平时佩戴助听器,应在佩戴助听器的情况下评估	0分	可正常交谈,能听到电视、电话、门铃的声音	
	1分	在轻声说话或说话距离超过2米时听不清	
	2分	正常交流有些困难,需在安静的环境或大声说话时才能听到	
	3分	讲话者大声说话或说话很慢才能部分听见	
	4分	完全听不见	
沟通: 包括非语言沟通	0分	无困难,能与他人正常沟通和交流	
	1分	能够表达自己的需要及理解别人的话,但需要增加时间或给予帮助	
	2分	表达需要或理解有困难,需频繁重复或简化口头表达	
	3分	不能表达需要或理解他人的话	

当代作家高阳在其所著的《红顶商人胡雪岩》里曾这样描述胡雪岩:

其实胡雪岩的手腕也很简单,凡是忠厚老实的人,都喜欢别人向他请教,而他自己亦往往知无不言,言无不尽。胡雪岩会说话,更会听话,不管那人是如何地语言无味,他能一本正经,两眼注视,仿佛听得极感兴味似的,同时,他也真的是在听,紧要关头补充一两语,引申一两义,使得滔滔不绝者,有莫逆于心之快,自然觉得投机而成至交。

最完美的说话艺术不仅是一味地说,还要善于倾听他人的内在声音。

——英国剧作家莎士比亚

某杂志曾做过一次调查:"什么人最受欢迎?"答案是"善于倾听的人"。这一回答或许并不全面,但从中可以看出人们都渴望被倾听。倾听不是沉默,它是倾诉的载体——诉者与听者通过它进行交流。在倾听中,人们关注对方,投入情感,记忆、分析并随时准备表达自己,最终达到理解和被人理解的目的。最有价值的人,不一定是最能说的人。善于倾听,才是成熟的人最基本的素质。

美国听力研究专家莱曼·斯蒂尔博士的研究表明:人们每天花在与人沟通的时间中,9%写,16%阅读,30%说话,45%倾听。"听"是"说"的基础,是有效沟通的前提。

倾听是学习、了解外部世界的重要渠道,是沟通过程中最重要的环节之一。倾听使他人感到被尊重,是识别他人内心情绪的最好方式,也是实现沟通的前提,但常被忽略。通常,大多数人在倾听时只能集中 20% 的注意力,其余的 80% 随种种原因溜走了。回忆的间隔时间越长,丢失的信息就越多。这不是因为我们不想记住听到的信息,而是大脑的语言处理系统无法记住所有听到的信息,只能将听到的信息进行加工处理,根据理解的意思将信息重新组织构建加以存储。研究表明,学生在学校平均每天有46%的时间是在倾听,而其中的66%是听他们的老师讲课。然而,效果又如何呢?尽管人们花很多时间去倾听,但对方所说的75%左右的内容通常都被忽视、被误解甚至被遗忘。

倾听不仅能够传递"我理解你"的信息,让对方获得满足感,还可以增强自己的交际魅力,轻松获得他人尊重,为实现有效沟通奠定基础。

情境一 倾听概述

倾听,国际倾听协会的定义是:接收口头和非语言信息,确定其含义并对此作出反应的过程。

倾听是在接纳的基础上,积极地听,认真地听,关注地听,并在倾听时适度参与。倾听属于有效沟通的必要部分,以求思想达成一致和感情的通畅。

一、倾听的作用

(一)心理方面

倾听是一种修养,倾听是对说话者的赞美,可以满足他人被尊重的欲望。人们喜欢善听者甚于善说者,据心理研究表明,在现实生活中有人对心理医生的依赖,正是基于一个诉说者对一个倾听者的需要。如果你让喜欢发表自己意见的人尽情地说出想说的话,他会从内心深处产生一种愉悦感与满足感,从而对你产生好感。

(二)效益方面

倾听是获得信息的有效手段,可以将倾听看作一种投资,成本就是花一些时间去作一个倾听者,全身心地成为一个听众,并适当地作出一些反馈,而收益相较付出却大得多。例如,可以得到一个喜欢你的朋友;得到能帮助你获得成功的信息;养成缜密思考的好习惯;被他人所尊重;等等。

二、倾听的层次

一个人从层次一倾听者成为层次四倾听者的过程,就是其倾听能力、沟通效率不断提高的过程。

(一)心不在焉地听

听者心不在焉,几乎没有注意说者所说的话,心里考虑着其他毫无关联的事情,或内心只是一味地想着辩驳。这种听者感兴趣的不是听,而是说,他们正迫不及待地想要说话。这种层次上的倾听,往往导致人际关系的破裂,是一种极其危险的倾听方式。

(二)被动消极地听

听者被动消极地听对方所说的字词和内容,常常错过了说者通过表情、眼神等体态语言所表达的意思。这种层次上的倾听,会导致误解、错误的举动,失去真正交流的机会。另外,听者经常通过点头示意来表示正在倾听,说者会误以为所说的话被完全听懂了。

(三)主动积极地听

某些沟通技巧的训练会强调"主动式""回应式"的倾听,以复述对方的话表示确实听到。即使每句话或许都进入大脑,但未必都能听出说者的本意。听者主动积极地听说者所说的话,能够专心地注意对方,能够倾听对方的话语内容。会始终如一地保持一种积极的姿态,或许会经常重复说者所说的内容。这种层次的倾听,常常能够激发对方的注意,但是很难引起对方的共鸣。

(四)同理心地听

同理心地听,要求听者在整个交谈过程中有意识地时刻保持密切关注并评估接收到的信息,作出适当的回应;使听达到最有效的水平,主动且尽一切努力超越倾听的障碍。能够设身处地看待事物,总结已经传递的信息,质疑或是权衡所听到的话,有意识地注意非语言线索,询问而不是质疑讲话者,听者的宗旨是带着理解和尊重积极主动地倾听。这种感情注入的倾听方式在形成良好人际关系方面起着极其重要的作用。

同理心地听要做到"五到":不仅要"耳到",更要"口到"(声调)、"手到"(用肢体表达)、"眼到"(观察肢体)、"心到"(用心灵体会)。

事实上,大概60%的人只能做到第一层次的倾听,30%的人能够做到第二层次的倾听,15%的人能够做到第三层次的倾听,至多5%的人能够做到第四层次的倾听。

三、倾听的方式

(一)理解(Comprehensive)

喜欢使用这种倾听方式的人以此对信息建立整体性了解,他们试图去理解传达给自己的所有信息。当同时分享了很多信息,以及需要全方位或提纲挈领地了解对方的意图时,采取"理解式倾听"的方式最有效。

1. 听清完整的信息。
2. 整理关键点,并时时加以回顾。
3. 注意说者的感情色彩,如语气、语调、语速及重音等的变化。
4. 捕捉潜台词。
5. 不要把自己的意思投射到他人所讲的话上面。

(二)寻找事实(Fact-Finding)

喜欢这种倾听方式的人以此获取一些具体的信息,如想要知道某个日期,或新的工作流程中的第三个步骤,他们把其他不相关的信息都剔除掉,只专注于倾听他们想要得到的信息。要想成为一名"寻找事实式倾听者",应该告诉他人你在寻找什么信息,然后提出一些具体、直接或封闭式的问题。直接的问题只需要简短地回答就可以,封闭式的问题需要回答"是"或"否"。

【案例】

美国著名主持人林克莱特在一期节目上访问一名小朋友,问他长大了想做什么,小朋友回答说想当飞机驾驶员。林克莱特接着问:"如果有一天,你的飞机飞到太平洋上空,所有引擎都熄火了,你会怎么办?"小朋友想了想说:"我先告诉飞机上的人系好安全带,然后我挂上我的降落伞,先跳下去。"

现场的观众哄堂大笑,林克莱特继续注视着小朋友,问他为什么要这么做。只见小朋友热泪盈眶,说:"我要去拿燃料,我还要回来!"

主持人能够让小朋友把话说完,并且在现场的观众哄堂大笑时仍保持着倾听者应该具有的亲切、平和与耐心,让所有听众都听到了小朋友善良、纯真、清澈的心语。

(三)指导(Directive)

有的人之所以喜欢这一倾听方式,是因为想指导某人去做某事。"指导"的含义包括提供建议、帮助发言者思考问题。要想成为一名"指导式倾听者",必须有能力告诉别人应该做什么,以及为什么需要这样去做。如:

员工:我再也无法忍受营销部门了,他们从不给我一个明确的回答。

指导式倾听者:我来给你一些建议,不管怎么说,与营销部门打交道是你的工作。首先……

(四)设身处地(Empathetic)

"设身处地式倾听者"会一边听,一边体会对方的遭遇与感受。当有人在工作或个人生活中遇到了困难,受到了挫折,或压力过大时,采用"设身处地式倾听"方式是比较恰当的。当对方感到快乐、兴奋或狂喜时,同样可以设身处地地与对方分享愉快的情绪。

对于"设身处地式倾听者"来说,一个非常重要的环节是留意那些非语言信息——说者的肢体语言以及说话的音调。如:

员工:我早早地完成了这项工作,客户给我寄来了一张祝贺卡片,你看看啊!

设身处地式倾听者:听起来你非常自豪,非常开心,做得真不错!

(五)欣赏(Appreciative)

很多时候我们需要以"欣赏式倾听"的方式倾听,对方或许正对你说起自己最引以为豪的成就之一,或有一个非常有趣的故事要跟你分享。作为一个"欣赏式倾听者",只需要安静地倾听就可以了,无须提问,或表达自己的观点。要认可对方所说的一切,无论是语言形式的还是非语言形式的。如:

员工:上个星期我总算见到了王先生,你不知道,在听说了关于他的所有那些糟糕的事情之后,我真的有点无所适从。不过,我终于找到了面对他的方法。

欣赏式倾听者:快点告诉我吧。

员工:是这样的,一开始,我就意识到,如果我希望他对我有好感的话,就应该让他尽情地说下去。这一招果然有效!我来告诉你我是怎么发现这一点的。

欣赏式倾听者(压低声音,悄悄地说):我迫不及待地想听听为什么。

情境二　倾听的障碍

一、环境障碍

任何沟通都是在一定的环境中进行的,环境因素是影响倾听效果最重要的因素之一。环境因素不仅包括客观环境,如谈话场所、环境布置、噪声大小、光照强弱、温度高低、气候状况、座位安排等,而且包括主观环境,如交谈双方的心情、性格、衣着以及谈话人数、话题等。

(一)环境的类型

从客观的角度讲,环境的类型选择会影响倾听。在不同场合里,人们的心理压力、情绪以及交谈氛围会大不相同。例如,上级在会议室里向下属征询建议,下属会十分认真地发言,但若是换在餐桌上,下级可能会随心所欲地谈自己的看法,甚至谈一些还不成熟的想法;上司在咖啡厅里谈下属当天穿着的服装的样式,下属会轻松地聊上几句,但若上司特地走到下属的办公室里问同样的问题,下属多半会惊恐地想这套服装是否有违单位的仪容规范。

(二)环境的封闭性

沟通场所的空间大小、光照强度、有无噪声等干扰因素决定着信息在传递过程中损失的概率。噪声的形式很多,如繁忙的交通、刺耳的笑声及施工噪声等。试想一下,如果你正在与上司进行一个重要的电话沟通,这时办公室外面人声嘈杂,使你刚好没听清上司的重要指示,你将会多么恼怒。尽管可以要求上司再讲几遍,但你可能会被认为心不在焉。噪声也可能是设备引起的,如麦克风发出杂音、投影仪的投影不清晰等,都会影响倾听效果。

(三)环境的氛围

环境的氛围是环境的主观性特征,它影响人的心理接受定式,也就是人的心态是开放的还是排斥的,是否容易接受信息,对接受的信息如何看待和处置等倾向。环境是温馨和谐还是火药味浓,是轻松还是紧张,是生机勃勃的野外还是死气沉沉的房间,这些会直接改变人的情绪,从而作用于心理接受定式。

(四)对应关系

说者与听者在人数上存在着不同的对应关系,可分为一对一、一对多、多对一和多对多四种。人数对应关系的差异会导致不同的心理角色定位、心理压力和注意力集中度。听下属汇报时不容易走神,因为一对一的对应关系使自己感到角色重要,注意力自然集中;在教室听课是一对多的关系,听者认为自己不重要,压力小,易开小差;如果听者只有一位,发言者为数众多,比如面对原被告的法官和面对多家新闻记者的发言人都会全神贯注,丝毫不敢懈怠。

二、听者的障碍

英国前首相邱吉尔:站起来发言需要勇气,而坐下来倾听,需要的也是勇气。

每当我们与他人沟通时,似乎总有一些要素阻碍沟通过程,使对方无法理解我们的意思。即使对方听懂我们的意思了,还是常常无法让他按照我们的期望去思考或行动。

听者本人在整个交流过程中具有举足轻重的作用,听者理解信息的能力和态度都直接影响听的效果。

(一)理解能力

交谈时要注意与对方进行有效的沟通,听者的知识水平、文化素质、职业特征及生活阅历往往与他本身的理解能力和接受能力紧密联系在一起,具有不同理解能力的听者必然会有不同的听的效果。正因为如此,听者的理解能力也构成听的障碍。

(二)听的习惯

在听的过程中不同的人有不同的习惯,有些不良习惯会直接影响听的效果。

1. 急于发言

人们都有喜欢发言的倾向,很容易在说者还没有说完话的时候就迫不及待地打断对方,或者口里没说心里早已不耐烦了,因此,往往不能把对方的意思听懂、听全。

2. 忙于记要点

有的听者觉得应记下说者所说的每一个字,于是在听的时候忙于记笔记。但是,在说者说到第三点时,他才给第一点画上句号,以致忽略了完整地倾听。

3. 吹毛求疵

有的听者并不关注说者所讲的内容,而是专门挑剔说者的毛病,如说者的口音、用字、主题、观点都可能成为听者挑剔的对象。听者甚至抓住某个细微错误而贬低说者的风格和观点,这种个人的偏颇观念时常导致敌对情绪的产生,从而影响听的效果。

4. 缺乏耐心

有的听者过于心急,经常在说者暂停或者喘口气时插话,帮助对方结束句子,而忽略了说者真正要说的话题。

5. 以自我为中心

有的听者表现出过于自我的心态,对说者的每个话题都有意无意地以自己生活中的事件回应。例如,"那让我想起,我……"。这便打断了对方的思路,甚至引开了话题。

6. 忙于私活

有的听者从开始听就没有停下手中的事情,可能在交谈中拆信、接电话或整理办公室。见此情景,通常说者都会尽快结束谈话并离开。

(三)感情过滤

好听的话即使说得言过其实,一般情况下也不会引起听者的反感;难听的话即使说得恰如其分,也不会给听者以满足。人们都是习惯选择自己喜欢听的来听,当某人说到一些自己想听的话时,会"竖"起耳朵接收所有的信息,不管是真理、部分真理,还是谎言和谬误；相反，遇到不想听到的内容时，会本能地排斥，不管这些内容对自己是否有用。

在听的过程中情感起到了听觉过滤器的作用，有时它会导致盲目，而有时它排除了所有倾听的障碍。例如，你会很满足地从别人口中证实自己的思想，并由此感到快乐。运用感情过滤信息，可能就无法正确地听并理解说者所讲内容的含义了。

(四) 心理定势

每个人都有自己的好恶，都有根深蒂固的心理定势和成见，所以与看似不喜欢或不信任的人交流时很难以客观、冷静的态度接受说者的信息。例如，当一个平时比较啰嗦的人要求与你谈话时，你会有心无心地听他讲，因为你会觉得他讲的许多都是废话，实际上这样会错过一些有用的信息。

(五) 心智时间差

人的思考速度比说话速度快许多，每分钟能处理500多个字，说话速度是每分钟150个字左右，这便产生了听者的心智时间差问题。

为了填补这一段时间的空白，在听的同时大脑很自然地会游走到其他的想法上去，但是当回过神来时会发现，这段时间走神走得太远了，而遗漏了许多重要的内容。

三、说者的障碍

(一) 语言因素

1. 语言层次

语言是说者表达观点和想法所使用的基本工具，使用不同的语言工具以及不同的语言背景和习惯，都会影响听的效果。

2. 声音层次

声音层次是人们利用听觉器官接受说者信号的层次，不同的音量、音调、语调等传递着不同的内容。

3. 语法层次

语法层次的语言表达方式、表达习惯会使同样的语言产生不同的表达效果，甚至意思完全相反。

4. 语意层次

说者表达的内容、意思等使人不易了解或不止一种解释时，即产生"费解"和"歧义"，会给听者带来障碍。

(二) 身体语言

身体语言是沟通的重要组成部分，恰当的身体语言有助于听者的理解。而身体语言运用不当则会给听带来障碍甚至误解。例如，缺乏目光接触将不可避免地减少听者对说者的注意力和兴趣。另外，口头语言与身体语言不相符也能给听者造成障碍。例如，当你说"3"时，却伸出5根手指，如果听者注意到你的动作，必然会产生迷惑。

情境三 有效倾听

在沟通过程中，倾听是准确接收和理解信息发送者意图的关键步骤。每个人的表达方式和沟通内容，受其文化背景、知识结构、能力及经验等因素影响，尤其当沟通对方来自不同文化背景，采用的语言又不是己方母语时，更容易出现误解。所以，认真倾听和筛选，读懂对方话语的真正意思，用理智的思想提出观点，这样的沟通才是有效的沟通。

如何提高倾听能力，提高倾听质量呢？可以通过一个英文单词 CARESS 来学习和掌握倾听技能，CARESS 的每个字母代表积极倾听的一个步骤。

一、C（Concentrate）：专注

专注

倾听首先要专注，这样才能排除沟通过程中的障碍。在古汉语中，听的写法为"聽"，从字面上分析，首先是偏旁中的"耳"，指的是语言中的信息大多是通过耳朵获取的，语速、语气、语调的变化都能体现出一定的信息，捕捉这些微小的变化都要依靠耳朵。但是，仅仅用耳朵倾听是远远不够的，还需要全身上下积极配合，共同来捕捉和解读讲述者传达的信息。其次，是在偏旁"耳"的下面有个"王"，指的是在倾听的过程中，要关注对方，以对方为主。在部首右边，有个"四"，这是"目"的异体写法，代表眼睛，指的是在倾听的过程中，一定要用到眼睛，通过眼睛可以和对方保持目光上的交流，传达一些微妙的思想和情感。观察对方的身体姿势，也能分析出一些有用的话语信息。在字的右下方，还有一个"心"，指听不仅仅是外在器官的参与，更是内心的关注，要用心体察对方的真实意图，这样才能明白对方话语的意思。

（一）寻找兴趣

一个好的听者总是会寻找机会问自己："有哪些是我感兴趣的东西？"切忌没有仔细听就一概抹杀。

（二）目光交流

眼睛是最富有表现力的器官，人们在沟通时，总是不由自主地用目光表达各种思想和感情。如果听者看着说者，不仅有利于集中注意力，也表明对所说内容感兴趣。通常，在谈到令人高兴的话题时，说者与听者保持目光接触要容易得多；在谈论令人不愉快的或难于解决的复杂问题时，双方就会避免目光接触。听者应柔和地注视说者，可以偶尔移开视线。友好的眼神、适当地点头致意，都可以传达一种积极的信息。

（三）保持距离

无论坐着还是站着，都要和说者保持一定的距离。判断距离是否恰当的最好方法，是看你与对方在距离上是否感到舒服。如果他向后退，说明离得太近了；如果他向前倾，说明离得太远了。一对一的情况下，不要坐或站得比说者高。

二、A（Acknowledge）：确认

在对话过程中，可通过一些象声词如"哦""啊"，或者点头等举动让说者知道你在认真地听。这种沟通过程的不断确认会让对方感到轻松，觉得你能真正理解和尊重他，更容易使其表达自己的思想，亦有助于与对方建立信赖关系。

沟通时，要善于运用自己的动作。参与的姿势应该是放松、清醒的。坐着的时候，要面向说者，身体略向前倾，一个非口头表示兴趣的技巧是随着说者的姿势不断调整自己的姿势。

三、R（Respond）：反应

在沟通过程中，通过反馈信息、提问等方式可保证沟通的通畅。通过提问不再是被动地接受信息，而是能直接捕捉信息。

（一）提问的内容

提问需要结合对方的讲述内容，来提出相关的问题。所有的问题都必须紧紧地围绕谈话的主题，如果提出的问题和对方的谈话内容无关，或者关系不大，对方会认为你没有认真倾听，从而对你产生不好的印象或者某种误解。即使对方不介意这些，一些漫无边际的问题也会大大延长沟通时间，且毫无沟通效果。

（二）提问的数量

提问的数量不可过多，否则会使对方厌烦；与此同时，问题也不可以太少，如果没有什么问题，对方因得不到相关的信息反馈，同样会对你的倾听效果和态度产生疑问。因此，提问时如果疑问过多，可以依据问题的相关内容和逻辑关系把它们整合在一起；没有疑问时，为了配合对方，也可以把自己理解的意思用问题的形式表达出来，以得到对方的确认。

（三）提问的速度

提问的速度如果过快，对方很可能听不清你的问题，来不及对问题作出反应，还会营造一种紧张的氛围；如果速度过慢，会让对方觉得不耐烦，失去沟通的兴趣和信心。因此，提问的速度既要保证能让对方听清楚，又必须做到依据沟通的场所和特定的情境及提问的对象来确定快慢。

（四）提问的语气

语气的轻重缓急能表达出说者当时的心情与感受，无形中传递给对方更多的信息，所以，提问时一定要注意自己的语气应和想要表达的感情相吻合，这样会使提问更加有效。

（五）提问的技巧

1.开放式

开放式是指提出比较概括、广泛及范围较大的问题，对回答的内容限制不严格，给对方以充分自由发挥的余地，可鼓励回答问题的人说话，是没有明确指向性的问题。例如"你发现了什么？""你有什么收获？"

2.封闭式

封闭式就是提出二选一、三选一，是或不是的有指向性的问题，使回答者的答复被严

格限定,没有机会展开其想法,但能为发问者提供特定信息。

3. 求教式

求教式是用婉转的语气,以请教问题的方式进行提问。在不了解对方意图的情况下,先投石问路,以避免遭到对方拒绝而出现难堪局面,且能探出对方的虚实。例如,一名推销员打算提出成交,但不知对方是否会接受,又不好直接问其要不要,于是试探地问:"这种商品的质量不错吧?请评价一下好吗?"如果对方有意购买,自然会评价;如果不满意,也不会断然拒绝。

4. 启发式

启发式是以先虚后实的方式提问,让对方作出提问者想要得到的回答。循循善诱,有利于表达自己的感受,促使对方进行思考,控制交谈方向。例如,一位顾客要买日用品,营业员问:"请问买质量好的还是差一点的呢?""当然是买质量好的!""好货不便宜,这也是……"

5. 协商式

协商式是以征求对方意见的方式提问,诱导其进行合作性的回答。对方即使有不同意见也能保持融洽关系,双方仍可进一步洽谈下去。例如:"您看是否明天选货?"

6. 追踪式

在倾听过程中,发现有价值的信息时,即以这个问题为起点,沿着一条思路追踪提问,进一步去挖掘对方的底层信息。例如,"能举个例子吗?""能对刚才您说的这一点多讲些具体情况吗?"

7. 转换式

如果想提 A 问题,先从 B 问题开始,达到"曲径通幽"的效果。例如,为了让对方理解一篇文章的主旨,可以不直接问,而是问:"您能从多种角度入手,给此文另外加个标题吗?"通过加标题的方式,逐步绕到文章的主旨上,令对方印象深刻。

8. 假设式

要预见沟通过程中可能发生的一些问题,用假设的提问方式让对方明白某些可能发生的问题和解决方案,征求其意见。例如,想要知道对方的关注点,可以问:"如果我方的产品进入生产阶段了,您对我方的检验方式有什么特殊要求吗?"一般此种提问方式能够给对方足够的尊重,可以让其自由发挥观点。

9. 类比式

可以利用同行业内失败的案例来提问,让对方发表看法,从中看出其真实的想法。对方对类似问题的点评,往往就决定着其对我方发生类似问题后的态度。

10. 补充式

我方提问时会有没问到的地方,这时就需要对方给我方补充一些关注点。例如,"对于合作过程,您还有什么需要补充的吗?"

11. 极限式

一般情况下此法不要轻易用在我方身上,而是用在竞争对手和同行身上。想要知道对方对我方最不满意和最满意的地方,不直接问对我方的看法,而是问对同行的看法。例如,"您对这个行业最不满意的地方在哪里?""您对这个产品市场最满意的地方是什么?"如果与对方很熟悉了,此类问题就可以用在我方身上了。

12. 魔法式

沟通过程中,发现对方的眼前有一个障碍,可以像魔法师一样拿着魔法棒一划,将障碍去除。即把限制性条件以假设的方式暂时拿开,走出对方原有的固定思维。例如,可以说"如果不考虑我方人员投入的限制问题,您最希望满足哪些需求?""如果不考虑预算的情况,您最希望解决哪几个问题?"

四、E(Exercise Emotional Control):情感控制

这一点在倾听过程中比较难做到,因为在交谈中,我们时常会对说者及他所说的话产生偏见,从而产生一些具有自己价值观的判断。

人们还通常用第一印象来判断人,对于自己不喜欢的人,很难集中精神交谈。遇到这种情况,就应该极力控制自己的情绪,保持冷静的头脑,重新调整心态和思维,客观、积极和主动地听取对方的信息。

(一)必要的沉默

沉默的人拥有冷静倾听对方说话的能力,唯有全面了解对方所要表达的意思,我们才能使周遭的人心悦诚服。关键是如果把沉默用到了最适当的时机,就会和优美的语言一样产生同样的表现力,就好像音乐中音符与休止符一样,让音乐产生更完美的和谐,甚至是更强烈的效果。

(二)避免批评

批评要避免两点:其一,没有把话全部听完就批评;其二,看不起对方,认为对方不懂。

世间没有绝对的对错好坏,因此说话的时候要善于点到为止,如果批评时说的话没到位不仅起不到作用,还会增加他人的反感。赞美之后的批评,远比批评之后的赞美来得有效。

(三)切勿打断

善于听别人说话的人不会因为自己想强调一些细枝末节,想修正对方话中一些无关紧要的部分,想突然转变话题,或者想说完一句刚刚没说完的话,就随便打断对方的话。另外,一旦听漏了一些地方,或者是不懂的时候,要在对方的话暂时告一段落时,迅速地提出疑问之处。

【案例】

一女士走进一家餐厅,点了一份汤,服务员端上汤来后很礼貌地走开了。

女士立刻将服务员叫过来说道:"对不起,这碗汤我没法喝,因为……"

还没等顾客说完,服务员马上说了声对不起,并重新为这位顾客端上来一碗汤。

可是,那位顾客仍旧说:"对不起,这碗汤我没法喝,因为……"

服务员一时有点不知所措,并解释道:"尊敬的女士,您点的这道菜是本店最拿手的,深受顾客欢迎,您对我们的服务有什么不满吗?"

"先生,我只是想问一下,喝汤的勺子在哪儿?"

五、S(Sense):感觉

在交谈中,对方可能有些话没有通过语言表达出来,但是通过非语言的信息如面部表情、眼神及语气等流露出来,可以通过这些非语言信息观察和感觉对方并没有说出的意思。

如果说者已经下定决心或者准备好做事情的办法,只是想通过倾诉来排解压力而获得亲朋的同情和支持,听者可以微笑着认真倾听而不必给其他建议,给以默默地支持和鼓励足矣,因为他已经决定了,这也是听者与说者之间一个微妙的内心交流。

学会倾听总能带给你一些惊喜,你能从他人的讲述当中学会许多道理。倾听虽使你放弃了发言权,但更多的是令你获得了思考与分析。

【案例】

美国人乔·吉拉德是吉尼斯世界纪录大全认可的世界上最成功的推销员。他认为有两种力量非常伟大,一是倾听,二是微笑。他说:有人拿着100美金的东西,10美金都卖不出去,为什么?你看看他的表情?要推销出去自己,面部表情很重要,它可以拒人千里,也可以使陌生人立即成为朋友。

六、S(Structure):结构

结构属于倾听过程技术的层面。在真正了解对方的信息,清楚了对方的意图、目的后,考虑以什么方式能更有效地表达自己的意思,比如:用怎样的次序、逻辑来组织你的信息让对方更容易理解你的意思,或者怎样更具有说服力,以及更有效地反馈对方需要的信息等。对重要信息进行综合归纳,找出问题的所在。

在接收到对方传达的信息以后,要习惯性地在大脑里对说者的话进行结构化分析,基本模式是在脑子里自动划分事实、情绪和期待三个层级,对听到的所有信息进行分类处理。

1.第一层级:事实

这个层级的含义是:对方陈述了某些事实。

需要从对方传递过来的众多信息里找出不受主观判断影响、可考证及可追溯的内容。

【案例】

两个孩子在为一个橙子争吵,他们都想要家里仅有的一个橙子。妈妈问为什么不切开一人一半,但两个孩子都坚称要整个橙子,而且表示他们设想了无数种"公平的"方法来决定谁应该得到这个橙子,但始终无法达成一致。

妈妈问他们为什么想要这个橙子,一个孩子说要用橙肉榨汁,另一个孩子说要用橙皮做蛋糕。说完两个孩子都笑了起来,原来他们都可以得到整个橙子,因为一个人需要果肉,一个人需要果皮。

妈妈从两个孩子需要橙子的动机出发,提出了为什么的问题,一下子就明确了两个孩子的真实需求,找到了解决问题的方法。由于妈妈提出了正确的问题,孩子们也倾听了彼此的回答,了解到对方的真实需求,使一个原本看似无解的难题迎刃而解。

2. 第二层级:情绪

这个层级的含义是:对方表达了什么感情。

言为心声,一个人的语言受其当时的心情和情绪的控制。所以,语言虽然可能由大致相同的词汇组成,但其所代表的情绪与意向却可能完全相反。如果想领会他人的真实意图,就需要在倾听时识别出对方语言中隐藏的情绪。倾听时要细心、冷静、客观,切忌用自己的情绪去理解和猜测他人的情绪。

【案例】

一位演员不会控制自己的情绪,表演脱离剧情,过分卖力地耍花架子,结果引起了观众喝倒彩。但他错以为观众在喝彩,反而更卖劲地耍花架子了。

有位观众实在看不下去了就脱口而出:"好——吗?"这声拖长的"好"字、带勾"吗"字才把这位费力不讨好的演员唤醒。

被喝了倒彩尚不自觉的演员并非低能,而恰恰是由于对自己的演技太自信,乃至完全陶醉于自我满足之中,才出现面对他人的不满而无觉察的非正常状态。

特别需要注意区分的是事实与情绪,不经训练很难区分。例如,"老板总是让我加班"这句话表达的是事实还是情绪?其实这句话是情绪,"总是"这种词语就像一个路标,它的出现就意味着后面的话大概率是情绪。

3. 第三层级:期待

这个层级的含义是:对方期待我的行为。

对方表达事实和感情后,一定会期待我的反应。要洞察对方背后的期待和下一步的行动,即"言外之意"。通过了解事实和感知对方的情绪,结合二者来判断出对方的期待,就可以作出适当的反馈了。

【案例】

一家公司的客服,接到了一个用户打来的投诉电话,说收到的商品有破损,很生气。客服先在头脑中对客户的"言外之意"进行了结构化的分析。

事实:客户收到了破损的商品。

情绪:客户很生气。

期待:给出解决方案,立即换货,最好还能有补偿。

于是客服这样回答:首先,因为我方的失误让您收到了破损的商品,非常抱歉!(承认错误、道歉)我立即给您补发新的商品,并且还会送您一个小礼品,希望能够弥补您的一点点损失。(给出解决方案,满足她的期待)

【情境演练】

倾听练习

将学生分成三人一组。数1、2、3、1、2、3……进行分组,第一轮分组中,所有数到1的人作小组中的正方,数到2的人作反方,数到3的人作观察记录人员。教师给出话题后,正方和反方各有1分钟准备时间,然后要求双方利用5~7分钟的时间就该话题达成共识。

其间,观察者要利用如下表格记录行为实例,也就是正反双方所说的和所做的,哪些是主动倾听的表现,哪些不是。时间终了,正反双方先后总结自己刚才在倾听过程中哪些行为表现得好,哪些行为需要改进。最后,由观察记录人员发言,列举实例,评价双方总结的情况。

第一轮:

话题:

记录:

倾听反馈表

	反方	主动倾听行为	正方
1	提问以澄清内容		
2	向对方复述对方的观点以澄清内容		
3	回应非语言信息(如姿态、音调)		
4	表现出达成共识的愿望		

	反方	非主动倾听行为	正方
1	没等对方说完就打断对方		
2	固守自己的观点		
3	表现出主导本次对话的愿望		
4	忽视非语言信息		

参考话题:

1. 对历史文化遗产应以保护为主。
2. 当代大学生最缺乏的是社交能力。
3. 艺术的主要功能在于教化。
4. 大学教育更应该注重培养人文精神。

【情境拓展】

听话技能测试

测试题:

1. 你觉得为什么需要倾听
   A. 便于有效反馈　　　　B. 获取关键信息　　　　C. 可以与别人分享

2.如果你总喜欢打断他人的讲话,你认为是什么原因
A.观点和意见不一致　　　B.想发表自己的观点　　　C.对信息理解有偏差
3.在倾听的过程中,你经常会表露出哪些身体语言
A.点头　　　　　　　　　B.与说者保持目光接触　　C.保持很好的坐姿
4.你是否会经常分析说者的"话外之音"或"真实意思"
A.经常认真分析　　　　　B.有时候会深入想一下　　C.从不这样想
5.在倾听的过程中,你是否会先入为主
A.从来不会　　　　　　　B.偶尔受心态影响会这样　C.取决于沟通的对象
6.在倾听的过程中,你是否会有选择地倾听
A 不会　　　　　　　　　B.有时根据自己的判断　　C.总想抓住关键信息
7.你如何理解倾听
A.获取信息并准备反馈　　B.认真听取说者的观点　　C.倾听就是要听到
8.在倾听的过程中,你将主要的注意力放在哪
A.说者的观点　　　　　　B.说者的信息表达方式　　C.说者本身
9.在倾听的过程中,你如何面对说者的情绪
A.保持情绪不受其感染　　B.对事不对人　　　　　　C.待其平静后再反馈
10.在倾听的过程中,如果觉得自己的意见和说者不同,你会如何处理
A.继续倾听　　　　　　　B.获取全面信息后发问　　C.反驳并表明观点

计分标准:
选 A 得 3 分,选 B 得 2 分,选 C 得 1 分。

结果分析:
1.得分在 24 分以上
说明你的倾听能力很强,继续保持和提升。
2.得分在 15～24 分
说明你的倾听能力一般,努力提升。
3.得分在 15 分以下
说明你的倾听能力较差,亟须提升。

【情境链接】

倾　听

　　同学们,你们是否听过清脆的竹子在林间悄悄拔节,是否听过晶莹的露珠在水面悄然滑落……许多声音在匆匆的岁月里,被我们忽略了。只有当我们静下心来,用明净清澈的心灵聆听,才能被那些声响感动。
　　你听,鸟儿在枝头欢歌、蟋蟀在草丛里鸣叫、风儿在草原呼啸、浪花轻拍着海岸……声音无处不在,无时不有。
　　我喜欢聆听蜂儿嗡嗡飞舞的声音,每当听到这种声音时,我眼前仿佛出现了金色的小蜜蜂在花丛中忙碌的身影,这些可爱的小生灵生命是那样短暂,但它们一生辛辛苦苦为人们酿造甘甜的蜜糖。它们无怨无悔、默默无闻的奉献精神令我折服。

我喜欢静听晶莹的雪花飘飘悠悠下落的声音,每当听到这种声音时,我仿佛看到那满天的雪花纷纷扬扬,如芦花、白梅,似柳絮,像鸭毛、鸭绒,又宛如那美丽的银蝶翩翩起舞,舞姿飘逸。

　　我喜欢倾听山间的小溪潺潺流淌的声音,每当听到这种声音时,我仿佛看到那清澈透明的溪水顺着弯弯曲曲的山谷流下来,时而急,时而缓。它一边奔流一边玩耍。一会儿拍拍岸边五颜六色的卵石,一会儿又摸摸沙地上才伸出脑袋来的小草,一会儿让那飘浮的树叶打个转,一会儿又挠挠那些追赶它的小蝌蚪的痒痒。

　　除了聆听自然界的声响,世间还有一种声音让我们感动,那就是师生间交流的声音。我们在凝神聆听老师不倦的教诲,娓娓的话语。老师在俯身聆听我们的心声、活跃的思维、天马行空的想象……这既是对个性的呵护,也是对人格的尊重,更是心与心的碰撞,爱与爱的交流,情与情的融合。这种声音使我感受到爱的泉水在师生心间汩汩不息地流淌。

　　同学们,不要让你的耳朵关闭,只要你静静地聆听,就会感受到声音的丰富和美妙。就会发现自然和人类生活周围,是一个有声音的世界。

　　学会去倾听你身边的任何人和事。

　　学会去体验那份快乐。

　　(2012年山东省临沂市中考满分作文)

【下篇：实务操作】

模块四

语言沟通

引 例

中央电视台"东方时空"栏目做了一期《杨利伟怎样成为我国进入太空第一人》的节目,被采访的航天局领导说了三个原因:一是杨利伟在五年多的集训期间,训练成绩一直名列前茅;二是杨利伟处理突发事件的能力特别强,在担任歼击机飞行员时,多次化解飞行险情;三是他的心理素质好,口头表达能力强,说话有条理、有分寸。

航天局领导还透露了这样一个细节:在最终确定三人为首飞候选人之时,三人各方面都十分优秀,难分高下,只是考虑到作为我国第一个进入太空的宇航员,将要面对全世界的目光、接受新闻媒体的采访,还将进行巡回演讲,才最后决定让口才好的杨利伟首飞。

赠人以言,重如珠玉;伤人以言,甚于剑戟。

——春秋军事家孙子

情境一 口头语言沟通

口头语言沟通指人们在社会交往中凭借口头语言传递信息、交流思想和感情的过程。是最灵活、最直接的一种沟通形式。口头语言沟通最大的优点是快速、简便和即时反馈。还可以辅以表情、手势等体态语言或声调、语气等副语言,加强沟通效果。口头语言沟通的不足是,当信息以口头方式经过多个层次传递时,信息衰减和失真严重。

语言与沟通是互补的,语言表达良好,沟通就比较顺畅,进而促进人际关系的和谐。

口语表达能力中的声音要素(发音标准、音质动人),对于强化口语表达魅力具有特别重要的意义。

一、普通话基础知识

我国历史悠久,幅员辽阔,方言种类繁多。这一方面促进了同一区域人们之间语言交流的异彩纷呈,但另一方面也严重阻碍了各地区人们之间语言交流的顺畅进行,甚至在一定程度上影响了国际的沟通与交流。

普通话有鲜明的特点:声调变化高低分明,音节响亮,节律感强,语汇丰富精密,句式灵活多样。"普通"二字有"普遍"和"共通"的含义,河北省承德市滦平县是普通话标准音的主要采集地。

1956年2月6日,国务院发出关于推广普通话的指示,并补充了对普通话的定义:"以北京语音为基础音,以北方话为基础方言、以典范的现代白话文著作为语法规范的现代汉民族共同语。"

1997年,经国务院总理办公会议批准,确定每年9月的第三周为全国推广普通话宣传周。

2001年1月1日,《中华人民共和国国家通用语言文字法》正式施行,这是我国第一部语言文字方面的专项法律。

普通话作为联合国工作语言之一,已成为中外文化交流的重要桥梁和外国人学习汉语的首选语言。

2021年6月2日,教育部举行新闻发布会,介绍2020年中国语言文字事业发展状况和中国语言生活状况。调查数据显示,全国范围内普通话普及率达到80.72%,圆满完成语言文字事业"十三五"发展规划确定的目标。

(一)语音训练

语音是语言的表现形式,是语意的依托。

1.音素、音节

(1)音素

音素是最小的语音单位,普通话共有32个音素。根据音素的发音特性,可以把音素分为元音和辅音两类。

①元音

普通话中共有10个元音:a、o、e、ê、i、u、ü、er、—i(前)、—i(后)。

②辅音

普通话中共有22个辅音:b、p、m、f、d、t、n、l、g、k、h、j、q、x、zh、ch、sh、r、z、c、s、ng。

(2)音节

一个汉字的读音就是一个音节(儿化韵除外)。音节由音素构成,一个音节最多由四个音素构成。如:啊 ā(1个音素)、大 dà(2个音素)、海 hǎi(3个音素)。

2.声母、韵母、声调

(1)声母

声母就是音节开头的辅音,根据发音部位的不同分为七类:

①双唇音:b、p、m

②唇齿音:f

③舌尖前音:z、c、s

④舌尖中音:d、t、n、l

⑤舌尖后音:zh、ch、sh、r

⑥舌面音:j、q、x

⑦舌根音:g、k、h

(2)韵母

韵母是指一个音节中声母后面的部分。普通话共有 39 个韵母,其中 23 个由元音构成(单元音或复合元音),16 个由元音附带鼻辅音韵尾构成。韵母可以从两个不同角度分类(表 4-1)。

表 4-1　　　　　　　　　普通话韵母总表

按结构分		按口型分			
		开口呼	齐齿呼	合口呼	撮口呼
单韵母		-i(前) -i(后)	i	u	ü
		a	后响复韵母 ia	ua	
		o		uo	
		e			
		ê	ie		üe
		er			
复韵母	前响复韵母	ai	中响复韵母	uai	
		ei		uei	
		ao		iao	
		ou		iou	
鼻韵母	前鼻	an	ian	uan	üan
		en	in	uen	ün
	后鼻	ang	iang	uang	
		eng	ing	ueng	
				ong	iong

(3)声调

声调,指发音时贯穿于整个音节的高低升降变化。

①调值

调值是声调的实际读法,也就是音节的高低、升降、曲直及长短的变化形式。普通话有四种调值,为了把调值描写得具体、易懂,一般采用语言学家赵元任创制的"五度标记法"来标记声调。五度标记法见图4-1。

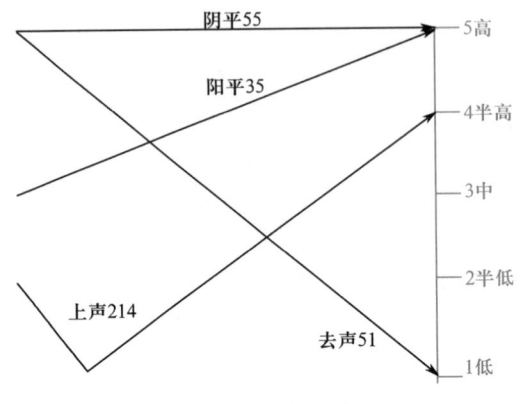

图4-1 五度标记法

上图中,竖线四格五点表示五度音高,横线、斜线、曲线分别表示四个声调的音高变化,也就是声调的大致调型。

②调类

调类是声调的种类,就是把调值相同的字归纳在一起所建立的类。普通话有四种基本的调值,因而有四个调类,即阴平声、阳平声、上声、去声。调类名称也可以用序数表示,称一声、二声、三声、四声,简称为"四声"。

③调号

调号是标调的符号,即:—(阴平)、/(阳平)、∨(上声)、\(去声),调号要标在音节的重要元音上。

声调表见表4-2。

表4-2 声调表

序号	调类(四声)	调号	例字	调型	调值	调值说明
1	阴平	—	妈 mā	高平	55	起音高高一路平
2	阳平	/	麻 má	中升	35	由中到高往上升
3	上声	∨	马 mǎ	降升	214	先降然后再扬起
4	去声	\	骂 mà	全降	51	从高降到最下层

3.语流音变

人们在说话时,不是孤立地发出一个个音节(字),而是把音节组成一连串自然的"语流"。在语流中,由于受到相邻音节的相邻音素的影响,一些音节中的声母、韵母或声调会发生语音的变化,称之为语流音变。

（1）变调

音节和音节连续读出，有些音节的声调发生了一定的变化，这种变化就叫作变调。变调是自然的音变现象，对语言的表达没有影响。例如："演""讲"连着念，听起来像是"严讲"，但听者知道表达的依然是"演讲"的意思。变调情况多数是后一个音节声调的影响引起的。在普通话中，常见的变调有上声变调、去声变调、"一"与"不"的变调和叠字形容词的变调。

①上声的变调

上声在普通话的四个声调中音长最长，上声字单念或在词语、句子的末尾时，其调值不变。但处在阴平、阳平、去声和上声字之前时，其调值都有所变化。

上声＋阴平：语音、好听、两张、买车

上声＋阳平：语言、好玩、两条、买房

上声＋上声：语法、好笔、两碗、买米

上声＋去声：语义、好墨、两块、买布

竖行比较上列各词，很容易感觉到上声在阴平、阳平、去声和上声字前有两种不同的变调，两个上声音节相连，前一音节的上声调值显然和处在其他三声之前大不相同。

A.双音节

如果两个上声相连，前一个变为阳平，调值为35：

美好、委婉、冷饮、指导、保险、手表、理想

B.三音节

三个上声音节相连，根据音节之间结合的紧密程度不同，变调分为两种情况。

a.如果词语的结构是双音节＋单音节（双单格），那么前两个音节都变为阳平，调值为35：

展览馆、草稿纸、打靶场

b.如果词语的结构是单音节＋双音节（单双格），那么第一个音节变为半上，调值为211，第二个音节变为阳平，调值为35：

好产品、女领导、买雨伞

②"一""不"的变调

A."一"的变调

a."一"单念，在词句末尾，表示序数、基数或后面跟着别的数词时，读本调阴平：

始终如一、统一、第一、十一、一九九一年

b."一"在去声前读阳平：

一半、一定、一度、一会儿、一唱一和

c."一"在非去声（阴平、阳平、上声）前，读去声：

一心、一边、一年、一口、一起

d."一"夹在重叠动词中间读轻声：

听一听、谈一谈、想一想、看一看

B."不"的变调

a."不"单念，在词句末尾或非去声（阴平、阳平、上声）前读本调去声：

我决不、不说、不玩、不写

b."不"在去声前读阳平

不错、不去、不对、不够

c."不"夹在重叠式动词或形容词之间,或用在做补语的动词、形容词之前时,读轻声:

信不信、听不听、好不好、看不清、打不开

③叠字形容词的变调

A.单音节形容词重叠(AA 式)

a.第二音节原字调是非阴平时,声调可以变为 55,也可以不变:

满满　大大

b.儿化时,第二个音节不论本调是什么,往往变成阴平,调值是 55:

长长儿(的)　好好儿(地)

B.单音节形容词的叠音后缀(ABB 式)

不论原来是什么声调的字,都要读成阴平,调值是 55:

亮堂堂　沉甸甸

C.双音节形容词重叠(AABB 式)

第二个音节变成轻声,后面的第三、四个音节都读阴平,调值是 55:

舒舒服服　清清楚楚

(2)轻声

轻声是一种特殊的变调现象。由于它长期处于口语轻读的地位,失去了原有声调的调值,又重新构成自身特有的音高形式,在听感上显得轻短模糊。

①轻声的作用

A.区别词义

东西:dōng xī(方向)　　　　　dōng xi(物体)

地方:dì fāng(对"中央"而言)　dì fang(处所)

B.区分词性

大意:dà yì(名词,主要内容)　　dà yi(形容词,不小心)

人家:rén jiā(名词,住户)　　　rén jia(代词,指别人,也可指自己)

C.区分词和短语

是非:shì fēi(正确和错误)　　　shì fei(纠纷、口舌)

东西:dōng xī(东边和西边)　　　dōng xi(各种事物)

②轻声发音

轻声比较灵活,可分为规律性较强和规律性不强两种。

A.规律性较强的轻声词

a.助词和语气词一般读轻声。如:的、地、得、了、着、过、呢、吗、啊……

b.名词、代词的后缀读轻声。如:孩子、我们、上头、下面……

c.叠音词的第二个音节读轻声。如:妈妈、星星、马马虎虎、商量商量……

d.动词的某些结果补语读轻声。如:站住、打开、关上……

e.部分词语的衬字读轻声。如：糊里糊涂、丁零哐啷、黑不溜秋……

B.规律性不强的轻声词

双音节词的后一个音节习惯上念轻声。

例如：窗户、豆腐、道理、动静、消息、干部、清楚、新鲜、客气、事情、愿意、分量、眼睛……

③轻声绕口令训练

屋子里面有箱子，箱子里面有匣子，匣子里面有盒子，盒子里面有镯子。镯子外面有盒子，盒子外面有匣子，匣子外面有箱子，箱子外面有屋子。

（3）儿化韵

词尾"儿"本是一个独立的音节，由于在口语中处于轻读的地位，长期与前面的音节流利地连读而产生音变，"儿"（er）失去了独立性，"化"到前一个音节上，只保持一个卷舌动作，使两个音节融合成为一个音节，前面音节里的韵母或多或少地发生变化。

①儿化韵音变规律

儿化音变的基本性质是使一个音节的主要元音带上卷舌色彩。（－r 是儿化韵的形容性符号，不把它作为一个音素看待。）

音节儿化后发音的变化有两种情况：一种是儿化后韵母不变，只是在读该音节时，韵母同时加一个卷舌动作，例如："（号）码儿（mar）"，"码"虽然儿化了，但韵母还是 a；另一种是儿化后，原韵母发生了变化，出现了增音减音现象。

儿化韵音变规律见表 4-3。

表 4-3　　　　　　　　　　儿化韵音变规律

韵母或尾音	儿化	实际读音	
韵母或尾音是 a、o、e、ê、u	直接卷舌	号码儿（mǎr） 粉末儿（mòr） 草帽儿（màor） 大伙儿（huǒr） 眼珠儿（zhūr）	开花儿（huār） 书桌儿（zhuōr） 弹壳儿（kér） 台阶儿（jiēr） 打球儿（qiúr）
尾音是 i、n	丢 i、n 卷舌	盖盖儿（gàr） 心眼儿（yǎr）	刀背儿（bèr） 窍门儿（mér）
韵母是 i、ü	加 er	玩意儿（yièr） 猪蹄儿（tíer）	毛驴儿（lüer） 侄女儿（nüer）
韵母是－i	丢－i 加 er	写字儿（zèr） 铁丝儿（sēr）	树枝儿（zhēr） 锯齿儿（chěr）
韵母是 ui、un、ün、in	丢 i 或 n 加 er	麦穗儿（suèr） 合群儿（qúer）	三轮儿（lúer） 没劲儿（jièr）
尾音是 ng	丢 ng 卷舌 元音鼻化	电影儿（yǐr）	帮忙儿（már）

②儿化的作用

A.区别词义和词性

如：画(动词、名词)——画儿(名词)

　　　堆(名词、动词、量词)——(一)堆儿(量词)

B.表示温和、喜爱或蔑视的感情色彩

如：小河儿、红花儿、女孩儿、小丑儿

C.形容细小、轻微的状态和性质

如：窟窿眼儿、纸条儿、针尖儿、头发丝儿

D.表示时间短暂

如：一会儿、待会儿

E.简化词语

如：味道——味儿、今天——今儿、这里——这儿

F.使一些不同音节的词同音

如：牌儿——盘儿、带儿——蛋儿

③儿化韵绕口令训练

进了门儿，倒杯水儿，喝了两口运运气儿，顺手拿起小唱本儿，唱了一曲儿又一曲儿，练完了嗓子练嘴皮儿。绕口令儿，练字音儿，还有单弦儿牌子曲儿，小快板儿，大鼓词儿，越说越唱越带劲儿。

(4)语气词"啊"的音变

"啊"用在句尾做语气助词时，由于受前一音节末尾音素的影响，常常会发生音变现象。

其音变规律见表4-4。

表4-4　　　　　　　　　　语气词"啊"的音变规律

前字韵腹或韵尾+a	"啊"的音变	规范写法	举例
a、o、e、ê、i、ü+a	ya	呀(啊)	鸡呀、写呀、他呀
u(含 ao、iao)+a	wa	哇(啊)	苦哇、好哇、有哇
n+a	na	哪(啊)	难哪、新哪、弯哪
ng+a	nga	啊	娘啊、香啊、红啊
-i(后)、er+a	ra	啊	是啊、值啊、吃啊
-i(前)+a	[za]	啊	几次啊、无私啊、写字啊

①变化规律

A.前面音节末尾音素是 a、o(ao、iao 除外)、e、ê、i、ü 时，读作 ya，写作"呀"。

要注意节约呀(yuē ya)

B.前面音节末尾音素是 u(包括 ao、iao)时，读作 wa，写作"哇"。

一起走哇(zǒu wa)

C.前面音节末尾是 n 时，读作 na，写作"哪"。

一定要注意看哪(kàn na)

D.前面音节末尾音素是 ng 时，读作 nga，写作"啊"。

放声唱啊(chàng nga)

E.前面音节末尾音素是舌尖前元音-i时,读za([z]是国际音标的浊音),写作"啊"。

这是什么字啊(zì [z]a)

F.前面音节末尾音素是舌尖后元音-i或卷舌元音er时,读ra,写作"啊"。

玩儿啊(wánr ra)

② "啊"的音变绕口令训练

你快瞧这幅画儿啊(ra),上面的山哪(na)、水呀(ya)、树哇(wa)、房子啊(za)、田野呀(ya),画得多像啊(nga)!

看哪(na),那画面上的小孩儿们玩得多欢哪(na)!还有牛哇(wa)、羊啊(nga)、猪哇(wa)、鸡呀(ya)、鸭呀(ya),都跟活的似的,这画画得可真好哇(wa)!

真怪呀(ya)!鸡呀(ya)、鹅呀(ya)、猫哇(wa)、狗哇(wa),一块在河里游哇(wa)!

(二)发声技能训练

1.气息

"气乃音之帅""气动则声发",呼吸是发声的动力,气与声的关系犹如电力和机器的关系一样。口语表达中的亮度、力度、清晰度,以及音色的圆润、优美及持久等都主要取决于气息的控制和呼吸的方式。

(1)吸气练习

肌肉相对放松,小腹自然内收,从容地在吸气时扩展两肋;吸气要深,要有吸入肺底的感觉。训练方法主要有:

① 闻花香

远处飘来一阵花香,闻一闻是什么花的味呢?此时,气会吸得深入、自然。

② 抬起重物

人们在抬起重物时,总是要深吸一口气,憋住一股劲儿,此时腰腹的感觉是正确的。

③ "半打"哈欠

微张嘴打哈欠,进气最后一刻的感觉是正确的。

(2)呼气练习

呼气控制是呼吸练习的重点。具体要求是均匀、平稳,并能根据感情的变化自由地变换呼气状态。训练方法主要有:

①以叹气的方法呼气

不发音,体会喉部是怎样放松的。

②吹尘土

均匀、缓慢地吹去桌面上的尘土。

③吹薄纸片

A.取薄纸一整片放置桌子上,深吸气后一口吹落。

B.取大大小小不一样的薄纸片数张分置桌子的四个方位,深吸一口气,逐个全都吹落。

呼气练习

④吹蜡烛

A.用相同的间隔吹蜡烛,使烛光摇动,但不吹灭。

B.将点燃的蜡烛放在桌子上,站着将其吹灭。再依次倒退一步、两步,将其吹灭。

⑤以每秒一个的速度数数儿

1、2、3、4……不断重复这几个练习,以延长呼气时间,力求达到呼出一口气可以持续30秒的标准。声音要规整、圆润,不感到挤压、力竭。

⑥一口气数葫芦

一个葫芦,两个葫芦,三个葫芦,四个葫芦……看你能数几个葫芦。

⑦齿缝放气

慢慢吸好气后,蓄气、保持片刻,嘴微开,上下唇开一点小缝,持续、均匀地发出"si"音。坚持用一口气,气快完时要沉着,自然放松。

⑧"hei"音连发

呼出的气流尽量控制,使其打在上门齿的齿背,弹发要轻巧,要跳跃,不要用喉。刚开始练习时一口气发三个"hei"就可以,关键是找到"同步"的感觉,随着练习熟练程度提高,能力提高,一口气就能发出七八个连续的、扎实的、有力的、同步的"hei"音。

⑨惊喜喊人

突然发现远处来了一个人,是多年不见的老朋友,很惊喜。急吸一口气,停住,然后迅速喊出"老伙计!"

⑩发以响亮的音节组成的人名

如"小光、阿明",等等。假设这个熟悉的"小光、阿明"在远处,你发现了他要喊他,迅速抢吸一口气,然后拖长腔地喊。

——设想距离50米,将对方叫住。

——设想距离100米,将对方叫住。

——不知对方在何处,忽远忽近、忽大忽小、忽高忽低地呼喊。并且带有感情色彩喊,使情、气、声自然地融为一体。

(3)呼吸综合训练

①一二吸气,三四呼气,五六吸气,七八呼气,循环反复,体会两肋扩展,小腹内收的感觉。

②读诗

床前明月光,疑是地上霜。举头望明月,低头思故乡。(李白《静夜思》)

(注意:第一遍一口气一句,第二遍一口气两句,第三遍一口气四句。)

③气息绕口令训练

出大门,过小桥,小桥底下一树枣,拿着竿子去打枣,青的多,红的少,一个枣,两个枣,三个枣,四个枣,五个枣,六个枣,七个枣,八个枣,九个枣,十个枣。这是一个绕口令,一气说完才算好。

2.共鸣

研究认为声带产生的音强只占人讲话音强的5%左右,其他的音强要靠共鸣来实现。

当共鸣器的频率与声带的振动频率谐振时,声音被最大限度地放大。同时,共鸣也是改善音质,使声音丰满、圆润及悦耳的主要手段。

直接引起共鸣的是喉、咽、口、鼻,头腔和胸腔也有共鸣作用。语音共鸣器大致可以分为三个区:高音区为鼻腔、头腔,中音区为口腔、咽腔,低音区为胸腔。要发出高亢的声音,必须利用高音区共鸣;要发出低沉、雄浑的声音,必须利用低音区共鸣。

(1)鼻腔共鸣训练

高音可带点鼻音。

①练 ma— mi— mu,逐遍升高。

②闭嘴,学牛叫。

③如打电话:"嗯,什么?""嗯,好。"

(2)口腔、咽腔共鸣训练

声音要立起来,口腔空间要大,不要太扁,发音不要太前。

①软腭上挺,口腔收圆,发出 ga、p 声。

②虎状大张口,发"啊"声。

(3)胸腔共鸣训练

①扩胸,同时尽量发出低沉的声音。

②连续发"i"的四个音调:ī í ǐ ì。

③读发"i"的古诗词。

水光潋滟晴方好,山色空蒙雨亦奇。欲把西湖比西子,淡妆浓抹总相宜。(苏轼《饮湖上初晴后雨》)

(三)语气语调训练

1.语气

"语"是指有声语言,即通过声音表现出来的语句;"气"是指支撑有声语言的气息状态,即具有声音和气息合成形式的语句流露出来的气韵。有什么样的感情,就会产生什么样的气息;有什么样的气息,就会有什么样的声音状态。语气运用的一般规律是:

爱则气徐声柔。如:我爱家乡

憎则气足声硬。如:我讨厌你

悲则气沉声缓。如:太不幸了

喜则气满声高。如:我们终于胜利了

惧则气提声凝。如:我再也不敢了

急则气短声促。如:着火了

稳则气少声平。如:我早就知道了

怒则气粗声重。如:你给我出去

2.语调

语调,指的是说话时快慢轻重配置而形成的腔调。任何句子都带有

语调

一定的语调,借助语调有声语言才富有极强的表现力。一句话的高低升降常常表现在最后一个音节上,末句如果是语气助词或轻声字,就表现在倒数第二个音节上。如同样一个"我"字,采用不同的语调可以回答各种不同的问题:

谁是班长? ——我。(语调平稳,句尾稍抑)
你的电话! ——我?(语调渐升,句尾稍扬)
谁负得了这个责任? ——我!(语调降得既快又低)
你来当班长! ——我?!(语调曲折)

(1)语调的种类
①平调(→)

语调平稳,没有显著的高低升降变化。一般用于不带特殊感情的陈述和说明,以及表示庄严、悲痛、追忆、冷淡和沉重等感情的句子。如:

有的人活着,他已经死了;有的人死了,他还活着。

——臧克家《有的人》

②升调(↑)

语句音高由低逐渐升高,句末音调明显上扬。一般用于疑问句、感叹句,表示疑问、反诘、号召、惊讶和命令等感情。如:

这是胜利的预言家在叫喊:让暴风雨来得更猛烈些吧!

——高尔基《海燕》

③降调(↓)

句子语势由高逐渐降低,句末音节说得低而短促。一般用于陈述句、感叹句、祈使句,表示肯定、坚决、赞美、祝愿、祈使、允许和感叹等感情。如:

为什么我的眼里常含泪水?因为我对这土地爱得深沉。

——艾青《我爱这土地》

④曲调(↑↓)

语句音高曲折变化,对句子中某些音节特别地加重、加高或延长,形成一种升降曲折的语调。疑问句、陈述句可以用曲调,表示惊讶、夸张、强调、怀疑、讽刺和幽默等较为特殊的语气。如:

嗨,老兄,我还从来没有见过比你更大、更美、更沉着的鱼呢。

——海明威《老人与海》

(2)语调练习

为人进出的门紧锁着,(→平调;冷眼相看)
为狗爬出的洞敞开着,(→平调)
一个声音高叫着:(↑↓曲调;嘲讽)

——爬出来吧,给你自由!(↑↓曲调:诱惑)
我渴望自由,(→平调:庄严)
但我深深地知道——(→平调)
人的身躯怎能从狗洞子里爬出!(↑升调:蔑视、愤慨、反击)

——叶挺《囚歌》

3.停顿

停顿就是句子内部、句子之间语音上的间歇。停顿的位置不同,一句话表达的语意就会不同。如:

你/了解我不了解?(问是否了解自己)
你了解/我不了解。(承认自己不了解)
你了解/我不了解?(不承认自己不了解)
你了解我/不了解?(想证实别人不了解)
你了解我不/了解?(不相信别人了解)

停顿

(1)顺应语法

语法停顿表现在书面语上就是句与句之间(包括分句间)的一个个标点符号。句号、问号、感叹号的停顿比分号长些;分号的停顿比逗号长些;逗号的停顿比顿号长些;而冒号的停顿则有较大的伸缩性:它的停顿有时相当于句号,有时相当于分号,有时只相当于逗号。如:

这/就是被誉为"世界民居奇葩"、世上独一无二的/神话般的/山区建筑模式的/客家人/民居。

——张宇生《世界民居奇葩》

(2)显示层次

文章的层次可以借助于朗读者的停顿得到显示。一般说来,文章中的节(段)这样的大层次比较容易划分,而一节(或一段)文字,甚至一句话中,也往往有更小更细的层次。如:

头上扎着白头绳,/乌裙,蓝夹袄,月白背心,//年纪大约二十六七,//脸色青黄,但两颊却还是红的。

——鲁迅《祝福》

(3)体现呼应

文章中的呼应关系主要是通过停顿来体现的。如:

这小燕子,便是我们故乡的那/一对,两对么?

——郑振铎《海燕》

(4)指向强调

为了强调某个句子、词组或词,引起听众的注意,加深听众的印象,可以在这些词语的前面或后面以至前后同时停顿。如:

沉默呵,沉默呵! 不在沉默中/爆发,就在沉默中/灭亡。

——鲁迅《记念刘和珍君》

(5)表达音节

朗读诗词时,必须用停顿来表达音节,以加强节奏感。如:

故人/具/鸡黍,邀我/至/田家。绿树/村边/合,青山/郭外/斜。

——孟浩然《过故人庄》

(6)区别语意

书面语中的某些歧义短语和句子,可以用朗读的停顿来揭示其不同的语法结构,从而表达不同的意义。如:

我不相信他是/坏人。(他不是坏人)

我不相信/他是坏人。(他是坏人)

重音

4.重音

朗读时,为了强调或突出某个词、短语,甚至某个音节而读得重些,这些重读的成分称为重音。突出重音的方法多种多样,重读是突出,轻读、拖长也是突出。

(1)语法重音(用"."表示)

语法重音是根据句子的语法结构对某个句子成分所读的重音。这种重音只是比一般非重音稍重,不很明显。语法重音的位置比较固定,以下成分一般重读:

①一般短句里的谓语

风停了,雨住了,太阳出来了。

②名词前面的定语

我们的哨所,在那高高的山崖上。

③动词或形容词前面的状语

祖国的山河多么美丽呀!

④动词或形容词后面的补语

他的嘴唇干得裂了好几道血口子。

⑤某些代词

这本书是从哪儿借来的?

⑥介词"把"的宾语

他把前后院都翻遍了。

(2)强调重音(用"."表示)

强调重音,又叫逻辑重音或感情重音,是为了有意突出某种特殊思想感情而把句子里某些词语读得较重的现象。强调重音在语句中并没有固定的位置,完全是根据语意的需要而定的。同样的一句话,在不同的语言环境中或不同的思想感情支配下,所要强调的部分并不相同。如:

这是你的书?这是我的书。(那本不是)

这是不是你的书?这是我的书。(的确是)

这是谁的书?这是我的书。(不是别人的)

这是你的什么?这是我的书。(不是别的东西)

5.节奏

节奏指朗诵时带有规律性的变化。说话要有节奏,有起伏、快慢和轻重既形成了语言的乐感,又能形象地表达作品的意境。

中国播音届泰斗、中国传媒大学博士生导师张颂教授根据节奏的声音形式及其精神内涵的特点,从声音形式的强弱、起伏及快慢等方面的变化将节奏划分为六种类型。

节 奏

(1)轻快型

语调轻松快捷,声音形式多扬少抑,多轻少重,语节少,词的密度大。常用来表示欢快、欣喜、愉悦、诙谐的情感。如:

月光如流水一般,静静地泻在一片叶子和花上,薄薄的青雾浮起在荷塘,叶子和花仿佛在牛乳中洗过一样,又象(像)笼着轻纱的梦。

——朱自清《春》

(2)凝重型

话语凝重,声音较低。音强而着力,多抑少扬,音节多,常用来表示严肃、庄重、沉思的意味。如:

听到他古怪的声音,我们又想笑,又难过。啊!这最后一课,我真永远忘不了!

——都德《最后一课》

(3)低沉型

语势下行,句尾落点多显沉重,音节拉长,声音偏暗,常用来表示悲痛、伤感、哀悼的感情。如:

第二天清晨,这个小女孩坐在墙角里,两腮通红,嘴上带着微笑。她死了,在旧年的大年夜冻死了。新年的太阳升起来了,照在她小小的尸体上。小女孩坐在那儿,手里还捏着一把烧过了的火柴梗。

——安徒生《卖火柴的小女孩》

(4)高亢型

语速较快,步步上扬,声音多重少轻,多连少停,语调高昂。常用来表现热烈、豪放、激昂、雄浑的气势。如:

啊,我思念那洞庭湖,我思念那长江,我思念那东海,那浩浩荡荡的无边无际的波澜呀!那浩浩荡荡的无边无际的伟大的力呀!那是自由,是跳舞,是音乐,是诗!

——郭沫若《雷电颂》

(5)舒缓型

语调舒展自如,语节多连少顿,声音较高但不着力,常用来描绘幽静、淡雅的场景,表达平静、舒展的心情。如:

真的,济南的人们在冬天是面上含笑的。他们一看那些小山,心中便觉得有了着落,有了依靠。

——老舍《济南的冬天》

(6)紧张型

语速快,多扬少抑,多重少轻,声音较短,气息急促。常用来表达紧急、气愤、激动的情绪。如:

听!又是一阵炮声,死神在咆哮。
静夜!你如何能禁止我的心跳?

——闻一多《静夜》

6.语速

语速指说话或朗诵时每个音节的长短及音节之间连接的紧松。说话的速度是由说话人的感情决定,朗诵的速度则与文章的思想内容相联系。表达热烈、欢快、兴奋、紧张、急切及愤怒的内容用快速;表达平静、庄重、悲伤、沉重及追忆的内容用慢速;表达叙述、说明及议论的内容用中速。如:

鲁侍萍:老爷,您想见一见她么?(慢速,故意试探)
周朴园:不,不,不用。(快速,慌乱与心虚)
周朴园:我看过去的事不必再提了吧。(中速)
鲁侍萍:我要提,我要提,我闷了三十年了!(快速,极度悲愤)

——曹禺《雷雨》

二、口头语言沟通的特征

口头语言沟通的交际时间、场合、内容及对象等是由参与者共同调节的,在沟通过程中呈现出灵活多变的特征。

(一)语境的特定性

在口头语言沟通过程中,说和听双方的语言是针对特定的场景、特定的语境临场发挥的,如果换成其他的语境,原本非常精彩的话语,则有可能不再具有任何意义。

(二)语言的准确性

口头语言沟通具有不可逆性,有两方面的含义。一是,不可复听,口头语言瞬间即逝,故内容一定要准确并表达到位。虽然当今能够记录人们语音信息的技术越来越先进,但都是事后(而非事中)的回放;二是,口头语言往往一言既出驷马难追,如果在语言表达上出现失误,常常要花费很多的时间和精力去解释或挽回,有时甚至会酿出祸从口出的悲剧。

(三)内容的随机性

口头语言沟通不可能完全按照预先设计的程序进行,即使精心准备好讲话稿,其间也可能会出现许多不确定、不可控的情况,需要随机应变、即兴表达。

(四)说听的互动性

在沟通的过程中,说听的互动性主要表现在两个方面。首先是语言层面,如你有来言我有去语,互动交流;其次是情绪层面,如思想和理念上是否认同,并通过表情、动作等传达出来。

(五)思维的敏捷性

思维能力是语言表达能力的基础,口头语言沟通就是把自己的思维转换为口语的过程。要求说者能把所思准确、形象、具体、简洁及清晰地表达出来。

三、口头语言沟通的表现形式

(一)交谈

英国大文豪肖伯纳说:倘若你有一个苹果,我也有一个苹果,而我们彼此交换这个苹果,那么,你我自然各有一个苹果。但是,倘若你有一种思想,我也有一种思想,而我们彼此交流这些思想,那么,我们每个人将各有两种思想。

所谓"言为心声",交谈是表达思想及情感的重要工具,是人与人之间沟通的主要方式,是人的知识、阅历、才智、教养和应变能力的综合体现。广泛的交谈可以交流信息、深化思想,提高认识问题、处理问题及解决问题的能力。

1.交谈的三种类型

(1)社交谈话

社交谈话是通过口头语言沟通分享感受,建立社交关系的闲聊。

(2)感性谈话

感性谈话是分享内心感受,卸下心中重负。属于宣泄沟通,是人际关系的润滑剂。

(3)知性谈话

知性谈话是传递资讯,像一场乒乓球比赛,你来我往,双向沟通。

2. 交谈的准备技巧

(1) 了解交谈的主题

在交谈前,首先要弄清楚交谈的主题,即要和谁谈?为什么要交谈?要谈些什么内容?要达到什么目的?用什么方式谈?有哪些有利因素和不利因素?交谈过程中可能会出现哪些可能的情形?如何处理?等等。

在选择话题方面,有一种错误的看法是:只有很不寻常的事才值得一提,于是绞尽脑汁地去想那些认为是值得一谈的大事,或是令人捧腹的笑话。实际上,人们除了爱听一些奇闻轶事外,更愿意接受一些与日常生活息息相关、能关系到切身利益的普通话题。

(2) 了解交谈的方式

交谈的效果,与交谈者的表达方式及表达艺术有很大关系,不同的目的决定了不同的交谈方式,在进行交谈前,了解不同类型的交谈方式及其特点,选择恰当的方式有助于达成交谈的预期。

① 并列式

从交谈的方式来看,双方或多方带有明确的相互交流性质;从交谈的过程来看,交谈的各方都需要表达自己的主张和情感,比较均衡地轮流充当说者和听者。如日常工作讨论、业务洽谈,等等。

② 主辅式

由于交谈目的的需要,交谈各方的地位和作用存在着差异性。其中,一方为主要说者,成为表达思想的主体,而其他方则主要为听者,对交谈只起辅助作用,交谈的各方明显地存在着说与听的不均衡现象。如记者采访、医生问诊,等等。

③ 调查式

这种类型的交谈要求问话者的语言要具有目的性、明确性和启发性;答话者的语言则应具有针对性、真实性和完整性。只有双方彼此配合,才能达到既定目的。

④ 说服式

这类交谈的目的,是一方要就某个或某些问题对另一方进行劝导或说服,说服者在交谈中既是交谈方向和内容的引导者和控制者,又是讲话的主体,在交谈中起着决定性作用。

⑤ 倾泻式

这类交谈的目的,是一方将自己的欣喜、苦恼、怨恨以及决定都告诉对方,让其帮助评判对错或解决问题。以说者对听者的极大信赖为基础,并带有显著的情感依托性质。

⑥ 静听式

这类交谈的目的,是一方在交谈中一时把握不住对方的思路,于是通过静听争取时间,理清头绪,变被动为主动。

⑦ 论辩式

这类交谈的目的,在于交谈各方对某些问题各抒己见,展开辩论,辨明是非,比如法庭辩论、学术争论等交谈活动。应该注意讲述内容的科学性、针对性和严肃性。

⑧ 商讨式

这类交谈的目的,是通过交谈者的相互讨论、协商,就某些问题达成共识,应表现出统一性、建设性与合作性的特点。交谈各方应认真地表述自己的见解,耐心听取对方的意见,从一定的原则立场出发,求同存异,以达到交谈的目的。如外交谈判、经贸洽谈,等等。

⑨闲谈式

闲谈式是生活中常见的交谈方式,虽然没有十分明确的宗旨和专一性目的,但通常起着联络感情、传递信息的作用,具有随意性和广泛性的特点。如探亲访友、邻里聊天,等等。

(3)了解交谈的对象

①了解对方的个性特征

对虚荣心强的人要多赞美;对心胸狭窄的人要表示谦恭;对冷漠孤僻的人要给予关切;对坦诚直率的人要多进忠言;对胆小怯懦的人要及时鼓励。

②关注对方的心理状态

当对方苦闷时要耐心倾听;当对方高兴时要及时助兴;当对方悲伤时要给予安慰和同情。

【案例】

一名主管发现一名员工近期工作状态大不如前,便将员工请到办公室,问:"你一向工作都很认真,不是一个马虎的人,但最近你好像很不开心……难道家里出了什么事情吗? 我能帮忙吗?""谢谢,不用。"接下来,员工滔滔不绝地谈他的苦恼,妻子查出癌症晚期。谈话进行了一个多小时,员工的情绪看起来好多了,后来他的工作状态有了很大改进。

(4)选择适当的时间、时机和地点

①时间的选择

首先,会面是否准时,能反映出对会面的重视程度,应准时在约定好的交谈时间内会面;其次,交谈时间的长短,也可以反映出交谈双方关系的密切程度,一般情况下,早晨上班前、午饭后的时间不宜找人谈话。

②时机的选择

交谈如果不是正式的,时间就具有很大的随机性,不要错过任何一个哪怕只有万分之一希望成功的机会。

③地点的选择

一般情况下,应根据谈话的内容选择一个不受他人打扰的谈话地点。闲谈可找一个轻松愉快的环境,商谈则应找一个正式的场合。

(5)寻找共性话题

通过声音、语句、风格及对方关注的事物寻找共性话题,会促使对方畅所欲言。

3.交谈的表达技巧

(1)内容扣紧目的

①传递信息或知识

如课堂教学、学术讲座、新闻报道、产品介绍及展览解说等。

②引起注意或兴趣

多是出于社交目的,或为了沟通、为了表明自身的存在及为了引起他人注意,如打招呼、应酬、寒暄、提问、拜访、导游、介绍及主持人讲话,等等。

③求得理解和信任

往往是为了结交朋友,加深感情,交流思想。

④激励或鼓动

旨在强化人们现有的认识,坚定信心,激发精神;有时也要求得到行动上的反应,如赞美、广告宣传、洽谈、请求、就职演说、鼓动性演讲,以及聚会、毕业典礼和各种纪念活动、庆祝活动中的讲话等都是出于这样的目的。

⑤说服或劝告

诸如谈判、论辩、批评、法庭辩护、竞选演说、改革性建议等,大多是为了让他人接受自己的观点,争取自身利益或改变他人的认知。

(2)开场白一鸣惊人

①讲故事

学会故事思维,通过讲故事的方法,突破对方的情感防线,与对方舒畅沟通,最终让自己的目标轻松达成。一般情况下,可供使用的故事有幽默故事和一般故事两类。幽默故事不可妄加使用,除非对方有幽默的素质;而一般故事,无论是关于古今中外的著名事件,还是关于现实生活中的平常趣事,只要叙述时有具体情节和内容,就能引人入胜。

语言幽默的方法有很多,仅仅懂得幽默方法不足以表明富于幽默,问题的关键在于运用。幽默按照其修辞表现手段的不同,常见的基本方法有:

A.对比

通过对比,可以揭示事物的不一致性。

【案例】

爱迪生致力于发明白炽灯泡时,有一位缺乏想象又毫无幽默感的人取笑他说:"先生,你已经失败了1 200次啦。"爱迪生答道:"我的成功之处就在于发现了1 200种材料不适合做灯丝!"

B.反复

反复地说同一语句,能够产生极不协调的气氛,从而获得幽默效果。例如:2006年央视春节联欢晚会上表演的小品《说事儿》中的台词,多次重复并用重音说"相……当",使人忍俊不禁,并且成了2006年流行的口头语之一。

C.反射

反射是指现场套用对方的话语来反驳对方,是一种语言回归,其目的是以其人之语还治其人之身。

【案例】

《世说新语》上记载:孔融十岁时,随同父亲拜望名士李元礼。闲谈之中,众人都夸孔融聪明,只有一个叫陈韪的人不以为然地说:"小时候聪明,长大了未必就聪明。"孔融听后立即说道:"想必陈先生小时候一定很聪明。"

D.倒置

通过语言材料的变通使用,把正常情况下的人物关系,如本末、先后、尊卑关系等在一定条件下互换位置,就能够产生强烈的幽默效果。

【案例】

一天,萧伯纳在街上行走的时候,突然被一个骑自行车的人撞倒在地,还好没有受伤,只是衣服被刮破了,骑车的人看到这个情形也松了一口气。萧伯纳充满惋惜地说:"先生,你的运气不佳,如果你这次不小心把我撞死了,那你就可以名扬四海了!"

E.拟人

巧借话题,将物拟人化,从而委婉地道出意图,取得预期的效果。

【案例】

一个人去拜访朋友,朋友家门口的大黄狗对他狂吠,吓得他止住了脚步。朋友赶紧出来,说:"不要怕!有条谚语说:'汪汪叫的狗不咬人',你不知道吗?""我知道这条谚语,你也知道这条谚语,可这狗——它知道这条谚语吗?"

F.转移

把沟通过程中发生的意外枝节,巧妙地嫁接在沟通内容的主干上,是一种重要的应变艺术。

【案例】

一名教师在讲宋代诗人曾几的《三衢道中》诗,当讲到"绿阴不减来时路,添得黄鹂四五声"时,一名男生忘乎所以地学了两声黄鹂的鸣叫,引起课堂一阵骚动。

教师坦然一笑说:"某同学情不自禁地学起了鸟叫。这是因为受诗中描写的环境和作者思想感情的感染啊!可见黄鹂的鸣叫,对渲染环境、表达诗人情感起了很大的作用。那么,大家想想,在这黄鹂的叫声中,在左右绿荫相映的山道上,诗人会产生怎样的心情呢?"

G.夸张

运用丰富的想象将事实进行无限制的夸张,造成一种极不协调的喜剧效果。

【案例】

美国作家马克·吐温有一次坐火车到一所大学讲课,火车开得很慢,可能会让他迟到。于是当列车员过来查票时,他递给列车员一张儿童票,列车员比较幽默,故意仔细打量他后说:"真有意思,看不出您还是个孩子呢。""我现在已经不是孩子了,但我买火车票时还是孩子,火车开得实在太慢了。"

H.天真

在成年人逻辑里,看重的是行动和结果;但在孩童思维下,更重视当下的情绪表达。用"孩童思维"式的语气能表达出幽默的效果。

奥地利心理学家弗洛伊德就曾把天真看成是最能令人接受的幽默形式,例如,当有人问"现在的猴子怎么越来越少了"时,可答"因为人是猴子变的"。

I.双关语

指在一定的语言环境中,利用语句的同义或谐音的关系,有意识地使语句具有双重意义。言在此而意在彼,使人回味无穷。

【案例】

传说李鸿章有一个远房亲戚,胸无点墨却热衷科举,一心想借李鸿章的关系捞个一官半职。他在考场上打开试卷,竟无法下笔。眼看要交卷了,便"灵机一动",在试卷上写"我乃李鸿章中堂大人的亲妻(戚)",指望能获主考官录取。

主考官批阅这份考卷时,发现他竟将"戚"错写成"妻",不禁拈须微笑,提笔在卷上批道:"所以我不敢娶你。"

J.歇后语

歇后语具有鲜明的语言结构和特点,是一种转折形式,分为前后两部分,前面部分一出造成悬念,后面部分翻转产生突变。对于某一句歇后语而言,具体属于哪一种幽默技巧有时是难以准确区分的,更多时候包含多个幽默技巧。从不同的角度分析,则有其不同的幽默特点。

a.谐音型

裁缝不带尺——存心不良(量)

b.比喻型

竹篮打水——一场空(以事喻人)

c.双关型

打破砂锅——问(纹)到底

d.巧解型

古书堆里的蛀虫——咬文嚼字

② 借助物品

可以展示一张地图、一幅画、一张统计表、一张照片、一件实物等,只要有助于阐述观点就行。

③ 适当提问

开始交谈时,若提出问题,对方就会按照这个问题的思路去思考,产生一种想要知道正确答案的欲望。提出的问题不一定要与交谈的主题有关。

A.直接性问题

想就特定问题找出明确的答案时,直接性问题是最常采用的提问方式。

B.引导性问题

事先预设好答案,准备好一连串这样的问题,一步一步引导对方接受自己的想法。

C.暗示性问题

诱导对方表达心中真正的感受和意见,也可用来观察对方在压力下的反应。

D.开放性问题

可以了解对方的态度、信念和动力。还可看出对方整理想法、组织内容以及在没有引导或提示之下进行表达的能力。

E.提示性问题

有时对方脑中一片空白,采用提示性问题可以保证沟通顺畅。

F.探究性问题

能够得到更多细节,如例子、说明、解释;鼓励对方继续说下去;离题时把对方拉回主题;鼓励对方停留在特定的细节。

G.假设性问题

可用来试探对方如何处理工作中可能遇到的突发状况,或如何把想法付诸实践。

④引用名言警句

名言警句,是指一些名人说的、写的、历史记录的,经过实践所得出的结论或建议,以及警世的比较有名的言语。例如:

读书之法,在循序而渐进,熟读而精思。

——朱熹

人生最终的价值在于觉醒和思考的能力,而不只在于生存。

——亚里士多德

⑤讲令人震惊的事件

可以使对方从一系列触目惊心的事件中醒悟过来,并产生一种要对述说的事情追根究底的"悬念"。

⑥真诚赞美

喜欢听到赞美是人们提升自尊,寻求理解、支持和鼓励的一种正常的心理需求。赞美是人际沟通的润滑剂,可以给人带来快乐和温暖,能够给予人鼓舞和积极向上的力量。因此,开始讲话时,可以赞美对方的衣着得体、气质高雅;可以赞美其所在地区的悠久历史;可以赞美当地丰富的文化遗产和淳朴的民风等。

⑦寻求共同点

这些共同点可以涉及双方以往相同的经历、遭遇、密切合作,还可以展望双方良好的发展前景。

(3)找准话题

①选择共同关心的事件

这类话题是大家都想谈、爱谈、能谈的,有助于引起交谈的兴趣。

②即兴引入

巧妙地借用某时、某地、某人的相关素材为题引发交谈。此法的优点是灵活自然,关键在于思维敏捷,能作由此及彼的联想。

③投石问路

与一个不熟悉的人进行交谈,可以先投石问路,在对对方略有了解后再有目的地交谈,更有利于达成有效沟通。

④循趣入题

在了解了对方的兴趣后,循着兴趣来提问,就能顺利地进入自己确定的主题。如对方喜爱下棋,便可以此为话题谈下棋的情趣。如果你对下棋略通一二,便会越谈越投机;如果你对下棋不太了解,也正是个学习机会,可静心倾听,适当提问。

(4)表达准确

表达准确,是对说者的基本要求。

①发音要标准

在交谈时要发音标准,有三方面含义:一是,不能读错音、念错字,让对方见笑或误会;二是,发音清晰,让对方听清楚;三是,音量适中,过大会给对方造成心情及听力上的负担,过小则听着吃力。

②语速要适度

在交谈时应对语速加以控制,尽量保持匀速,快慢适中。

③内容要简明

在交谈时应力求言简意赅,不没话找话、短话长说,这是交谈中的重要一点。

④方言要少用

交谈对象若非家人、乡亲,在交谈中尽量不用对方可能听不懂的方言、土语。在多方交谈中,即使只有一个人听不懂,也不要采用方言交谈,以免使其产生被排挤、被冷落之感。

⑤外语要慎用

在普通性质的交谈中,应当讲中文,讲普通话。若无外宾在场,则应慎用外语,否则不仅不能证明自己水平高,反而有卖弄之嫌。

(5)有逻辑性

①类比法

类比法是根据两个或两类对象之间在某些方面的相同或相似,推出它们在其他方面也可能相同的一种思维形式和逻辑方法。运用这种方法说理,有助于听者触类旁通地明白事理。注意不要机械类比,不要将事物间相同或相似的偶然性因素作为论据,或是将表面上有些相似,但实质上完全不同的事物进行类比,从而推出一个荒谬的或毫不相干的结论。

【案例】

老师上课时讲解:地球是椭圆的,最外面是地壳,地壳的里面是地幔,地幔的里面是地核。学生们有些懵,地壳什么样子啊?地幔又是什么啊?老师想了想说:"同学们吃过鸡蛋么?"

②反证法

反证法是为了说明某一结论是正确的,但不从正面直接说明,而是通过说明它的反面是错误的,从而断定它本身是正确的方法。

【案例】

《世说新语》上记载:王戎七岁的时候,曾经和许多孩子一起出去玩耍。他们看见道路旁边的李树上有许多成熟的李子,把枝头都压弯了。大家争着跑过去摘李子,只有王戎不动。大家问他,他回答说:"李子树在路边竟然还有那么多的果子,这一定是苦李子。"大家摘下来一尝,的确如此。

③转移法

在交谈中,有些问题不便直接表态,想回避这类问题又不想因为中断交谈而使对方尴尬,宜使用答非所问的方法来转移话题。

【案例】

一位年轻母亲崇拜爱因斯坦,就把自己才18个月的孩子介绍他,当孩子看到爱因斯坦那张有些怪异的脸时突然大哭。

母亲立刻让孩子把脸转过去,非常窘迫地说:"这孩子,不习惯陌生人。"爱因斯坦慈祥地摸着孩子的头,显得很高兴地说:"多年来,他是第一个把对我的真实看法直接告诉我的人!"

(6)有概括性

①事理概括

事理概括指讲话者要列举一些典型事例,从中选取能说明观点的有用部分,并沿着这些典型事例进行分析、论证、推理,得出一个具有指导意义的结论。

②浓缩概括

浓缩概括指讲话者,对一些具有结论性或者能独立存在的内容,通过集中提炼,浓缩成简单的词、句子或整齐的短语,在听众记忆中打下深刻的烙印。

③扩大概括

扩大概括指把某一单独事物的本质属性,推广到其所属的全体上去,从而把属性概括在一起的推理方法。即从认识个别的事物进而扩大到认识一般事物,有利于逐步接近真理和掌握真理。

(7)掌握分寸

在沟通中,沟通双方都应认清自己的身份,适当考虑措辞。而讲话的分寸取决于交谈的对象、话题和语境等诸多因素的需要,即"言之有度"。在交谈中要避免谈论下面这些话题:

①健康状况

当然,如果是与十分亲密的人交谈,这种情况不在此列。

②争议性的话题

除非很清楚对方立场,否则应避免谈到具有争论性的如宗教、政治等易引起对立僵持的话题。

③他人的隐私

谈论年龄、婚姻情况、物品的价钱和薪酬等涉及隐私的话题,容易引起他人反感。

④个人的不幸

不要提起对方所遭遇过的伤害,若是对方主动提起,则要表现出同情并注意倾听,但不要为了满足自己的好奇心而追问不休。

⑤庸俗的故事

有的故事在大庭广众之下说效果会很糟,容易让他人尴尬,从而引起反感。

(8)委婉含蓄

委婉是一种既温和婉转又能清晰明确地表达思想的交谈艺术,是运用迂回曲折的语言含蓄地表达本意起到缓冲作用的方法,让听者在比较轻松的气氛中领悟本意。显著特点是"言在此而意在彼",能够诱导对方领会说者的意思,进而去寻找言外之意。

①赞扬法:顾全对方的面子,使对方容易下台。

②暗示法:适合表达很难说出口的话。

③模糊法:只可意会不可言传。

(9)动听

①交谈要抓心,应积极融洽关系,营造和谐的交谈气氛。

②态度诚恳、亲切自然,消除对方的戒心。如果对方情绪较大,可采取"冷处理"的方法暂时延缓交谈,或者"曲线交谈",从其他的话题入手。

③有的放矢、目的明确,不能让对方感到无所适从。

(10)有针对性

交谈时要根据不同类型的人、不同的境况,作相应的话题选择,讲出适当的有针对性的语言。

①针对他人的感受方式

《战国策·齐策三》里记载"物以类聚,人以群分",比喻同类的东西常聚在一起,志同道合的人相聚成群,反之就分开。

A.视觉型:讲话很快,思考也很快,喜欢阅读图表,而且行动力强。与此类型的人交谈应强调行动与成果。

B.听觉型:喜欢有秩序的生活,讲话较慢但很有条理,喜欢交谈与聆听,行动力稍次。与此类型的人交谈应强调逻辑与条理。

C.触觉型:很重视感觉、喜欢舒适,讲话的速度比较慢,有时讲话时会不看着对方。与此类型的人交谈应强调某种事或物会带来什么样的感受。

②针对性格差异

与性格开朗的人交谈,可以侃侃而谈;与性格内向的人交谈,就应注意分寸,循循善诱。

【案例】

孔子注重因材施教,会根据弟子的性格特征采用不同的教育方法。子路问:"听到好的意见就应该马上照着做,这样对吗?"孔子严肃地说:"不可以,你的父亲和兄长都在,怎么能自以为是地做事呢?应该先听听长辈的意见才对。"冉有问了同样的问题,孔子却立即表示赞同:"对呀,听到了好的意见,就不要迟疑,马上照着做才对。"公西华不理解为什么二人请教同样的问题,先生的回答却背道而驰。孔子说:"冉有做事谨小慎微,顾虑重重,我要鼓励他勇往直前;而子路勇敢过人近似鲁莽,喜欢争强好胜,我要他遇事要冷静,懂得适当退缩。"

③针对年龄差异

由于不同年龄的人对语言形式的识别能力和对语言意义的理解程度不同,说者面对不同年龄阶段的听众,应该根据其年龄段的特点而有所区别。

【案例】

一个小男孩在吃苹果时发现苹果变色了,就问:"妈妈,这苹果怎么变成褐色了?"妈妈说:"当你把苹果皮啃掉后,苹果肉与空气接触,使苹果发生氧化,果肉的分子结构改变了,就变色了……"

可想而知,幼小的孩子听不懂这些话,这就是讲话不看对象。

④针对性别差异

不同性别的人有不同的心理和思维习惯,所以,讲话应注意听众的性别。

【案例】

一家电影院总有一些女性在电影放映时不摘帽子,影响到后面观众观影,院方多次劝说但收效甚微。后来,工作人员在电影放映前对观众说:"为了照顾年老体弱的女性观众,允许她们照常戴帽子,不必摘下。"结果,所有戴帽子的女性全部摘下了帽子。

⑤针对爱好差异

由于各人的爱好不同,对话语的"兴奋点"也不相同。爱好相同的人聚在一起交谈,可以激发出话题焦点的"火花",进而产生思想感情的共鸣。

一个具有敬业精神、勇于开拓创造的人,希望能得到事业、工作方面的具体指导和建议;爱好音乐、绘画及书法的艺术型的人,垂钓、养花者,纪念品收藏者以及球迷、歌迷、棋迷们,都会对自己的爱好津津乐道,讲起来眉飞色舞,甚至手舞足蹈。

⑥针对职业差异

不同职业的人,在社会生活中扮演着不同的角色,其头脑中所具有的信息类型和兴趣点有一定的差异,对于与自己职业相关的话题具有强烈的兴趣,讲话时必然带有一种职业色彩。例如,工人的话语豪爽直率,军人的话语威严沉稳,推销员的话语给人以极强的诱惑力,等等。即使同样是知识分子,也会因为所从事的专业不同而有区别。因此,交谈时应根据对方的职业特征寻找切入点。

(11)简洁

言不在多,达意则灵。人们在交流思想、介绍情况、陈述观点、发表见解时,为了使对方能够很快了解自己的讲话意图,往往使用高度概括、十分凝练的语言,提纲挈领地把问题的本质特征表述出来,以达到一语中的、以少胜多的效果。

为了制止冗长的发言,美国南部的一些地区曾采取过绝妙的措施,规定发言人在讲话时必须手握一块冰,讲多久就得握多久。

(12)符合身份

要想使交谈达到理想的效果,除了要有对象意识外,还要有自我身份意识,语言形式的选择要符合自己的身份。

①要做到称谓、语气合适。

【案例】

记者采访水稻之父袁隆平:"您希望一生有多少资产?""我有一个小棚子,下面一头小猪,足矣。这是个'家'字嘛,这个棚子就是上面的宝盖头,下面这个'豕',古代讲不就是猪吗?有一首歌就是这样唱的'我想有个家,一个不需要多大的地方……'这是对的,家再大你也只能睡一张床,资产再多你每天也只能吃三顿饭,对不对?我对钱这个东西看得很淡,够用就行。"

②当众讲话时,要注意针对不同环境,选择相应的方式,使表达的思想与自己身份相符合。

③当众讲话时,要选择与处境、心境相协调的表达方式。讲者在讲话时恰到好处地表达自己的思想感情,所讲的话才能更好地被听众所接受。

(13)利用特定场合

在不同场合,面对不同的人、不同的事,从不同的目的出发,就应该用不同的方式讲话,有利于收到理想的交谈效果。

①灵活变换角度

某些场合的变化是出人意料的,这就要求讲话者必须善于变换切入角度,灵活地应对和驾驭各种局面和场合。

【案例】

厨具店广告词上写着"摔不破的碗",一个人去厨具店买碗,问店主这个碗真的是摔不破的吗?

店主二话不说,拿起碗摔在地上,碗碎了,两人都愣了一下。

店主说:"看,这种质量的碗是不会卖给你的,来看看这个!"

②利用歧义

正确地理解和运用歧义,可以使语言生动幽默,有时还能成为交谈顺畅的润滑剂。例如,在2014年央视春节联欢晚会上的小品《扶不扶》里的对话:"怎么的,你还想走啊?""走肯定是不赶趟了,我得跑了。"

③正话反说

讲出的话跟实际要表达的意思完全相反,表面褒扬,其实贬斥;表面否定,其实肯定。让听者自觉地去领悟,从而接受说者所说的话。

【案例】

一位名人到咖啡店喝咖啡,老板将咖啡端上来时才认出他,就客气地请他提点意见。名人看咖啡差不多只有半杯的量,便微笑着对老板说:"我有一个办法,可以让你立刻多卖出一杯咖啡。你只要把杯子倒满即可。"

④言此意彼

利用语言或语义条件,有意使语句同时具有表面和内里两种含义,造成"言在此而意在彼"的表达效果,使双方心领神会,从而实现沟通目的。

【案例】

抗战胜利后,著名国画大师张大千从上海返回四川老家,一名学生设宴为他饯行。为了活跃气氛,张大千向梅兰芳敬酒说:"梅先生,你是君子,我是小人,先敬你一杯。君子动口,小人动手。你唱戏动口,所以你是君子;我画画动手,所以我是小人。"

(二)说服

在人际沟通中,很多时候需要说服他人接受自己的观点,理解自己的意图。甚至让他人去做他原本不想做的事,或者相信他原本不相信的话。说服是非强制性的,是一种意志、观念或行为影响另一种意志、观念或行为,最终使两者趋于一致的情感交流与语言沟通的过程。

1.说服五要素:五个W

(1)WHO:谁在说

(2)WHOM:对谁说

(3)WHAT:说什么

(4)HOW:怎么说

(5)WAY:通过什么途径说

2.说服的原则

掌握说服的基本原则,有利于让说服对象产生主动改变的想法。

(1)说服的目的不是争辩对错。

(2)改变对方的行为而不是态度。

(3)发掘而不是询问对方的理由。

(4)对他人的愿望,不要去改变,而是告诉他实现的方法。

3.有效说服者的特征

(1)威信

①权威性

权威性与沟通者的身份、地位有关系,人们更容易相信领导人、专家、学者及研究机构透露的消息。例如,有一个心理学实验,邀请大学教授、中学教师、运动员和护士分别发表演讲,谈论运动对健康的重要性。他们演讲的主题、论点和内容都差不多,但大学教授的演讲对听众的影响最大。

②可信性

人们通常认为三种人是可信的,即自信的人、自己人和局外人。

A.自信的人

自信的人语气坚定、做事果断,容易获得人们的信任。

B.自己人

对于立场相同的人,人们会产生一种亲切感,容易接受。例如,在推销产品的广告中,用消费者的证言拉近产品与顾客距离的效果就比较理想。

C.局外人

没有利害冲突的局外人立场往往比较客观,更容易获得当事双方的信任。

(2)魅力

魅力指仪表风度给他人留下的印象,需要人们既有外在的仪表风度,又有内涵和气质。特别是第一印象具有晕轮效应(光环效应),可以掩盖人的一些弱点。魅力已经成为一种新的生产力资源,是集多种能力因素于一体的强大而又神奇的力量。有魅力的人容易被他人接纳,更有利于达成有效说服。

4.说服的技巧

(1)有情

说服他人要诚恳地以关怀为出发点,寓情于理,使对方感到温暖,因为感动可以使被说服者对说服者产生信任感,从而有利于说服工作的顺利进行。

【案例】

一个早晨,电话铃在响,孩子们在哭喊,厨房的面包发出了烤焦的糊味。丈夫看了一眼面包对妻子说:"天哪!你什么时候才能学会烤面包啊!"

A 妻子会说:"我会把烤糊的面包扔到他脸上去。"

B 妻子会说:"我会狠狠地教训他:'请你自己去烤吧。'"

C 妻子会说:"我将受到极大的刺激,甚至只知道哭。"

说法不同,反应是一样的:不服气!这种情绪会导致事态的进一步扩大。例如,妻子们决不会心甘情愿地再去烤一次面包;丈夫上班后,凌乱的房子会没有人收拾……假如丈夫说:"这真是一个紧张的早晨,不过没关系,让我来帮帮你。"对这种话,妻子们又会如何反应呢?

A 妻子会说:"我会感激得不得了。"

B 妻子会说:"我不但舒服,还要拥抱他。"

C 妻子会说:"我会感到很安慰。"

其实,面包还是糊的,因为后一种说法能理解他人的处境,没有训斥,没有怨言,自然使人感动。

(2)有理

在说服他人时,不论身份地位的高低,必须要言而有信,以理服人。说服力要强,要符合常理,要符合人们的认知规律。在许多情况下,成功地说服他人仅靠语言沟通是不够的,还必须借助或依赖于情感因素的影响和帮助。在摆事实讲道理的同时,还要善于发现对方的某些内在需求,并且把这种需求与希望说服对方的话题联系起来,这样说服的效果将非同一般。

【案例】

一家银行的信贷员在向一家习惯于拖欠贷款的企业催收外汇贷款时,将一条"重要信息"透露给企业:在国际外汇市场上,美元对日元的比价将可能下跌。而这家企业恰恰是通过收回日元货款再折成美元偿还银行美元贷款的,拖欠贷款意味着企业要还更多的钱。信贷员正是利用了企业想少花钱的内在需求,巧妙地暗示,成功说服对方,收回了贷款。

（3）有物

要注意说服对象,抓住主题,联系实际。讲话有理有据,讲的人清楚,听的人明白,这样被说服者才会对说服者产生信任,有利于达成有效说服。个别的、具体的事例和经验比概括的论证和一般性原则更有说服力,说服他人时,要有的放矢,举出一些实例,把亲眼见过的人和事说出来,对方也会自然而然得出同样的结论,比强加给他的结论要深刻得多。

【案例】

美国国际商业机器公司 IBM 的前总裁汤玛士·华生心脏病发作时,听到医生建议他必须立刻住院治疗便焦躁地说:"我怎么会有时间呢？IBM 可不是一家小公司呀！每天有多少事情等着我去裁决,没有我的话……"医生没有多说,邀他出去走走。他们来到一处墓地,医生指着一个个坟墓说:"你我总有一天要永远地躺在这儿,没有你了,你目前的工作会有他人接着来做。你死后,公司仍然会照常运作。"

第二天,华生递上辞呈,并住院接受治疗,出院后过起了云游四海的生活,而 IBM 至今依然在社会、经济和世界发展中扮演着重要角色。

（4）有利

在进行说服前,仔细准备,收集最有利的证据和证人,并将其融入能够证明主张的、可信的正面例子中,这样可以使说服者的话更加令人信服。要特别注意的不是片面的"利",也不是只为自己着想的"利己主义",而是全面性的"利"。

【案例】

戴尔·卡耐基曾经租用某礼堂讲课,一天,礼堂经理通知他租金将提高三倍。卡耐基说:"我有点震惊,但这不能怪你,如果我是你,我也会这么做。因为你的职责是使礼堂尽可能盈利。"接着,卡耐基又为他算了一笔账:"将礼堂用于办晚会、舞会,当然会获大利。但你撵走了我,也等于撵走了成千上万有文化的中层管理人员,而他们光顾你的礼堂,是你花几倍的钱也买不到的活广告,哪样更有利呢？"结果经理被他说服了。

卡耐基之所以能够说服成功,就在于当他说"如果我是你,我也会这么做"时,他已经完全站到了经理的立场上。在此基础上又算了一笔账,抓住了经理的兴奋点——盈利,使经理心甘情愿地把天平砝码放到了他这边。

（5）有趣

在说服过程中,讲话有趣便增添了说服的情趣,使说服双方互感愉快的气氛,化沉重为轻松,在说笑中增进了彼此的认识和了解。在活跃的气氛中,人们最能接受说服。

【案例】

一个人在餐厅用餐,见刚上来的啤酒里有一只苍蝇,他便微笑着对侍者说:"我建议你们以后把啤酒和苍蝇分开放,让喜欢苍蝇的客人自己混合,你觉得这个建议怎么样？"

(6)有力

①直截了当、言简意赅地告诉被说服者某处存在着极其严重的问题(状况)。

②帮助被说服者分析研究问题产生的原因。

③帮助被说服者搜集各种可能解决问题的方法,并把自己准备提出的观点放在最后。

④帮助被说服者依次分析和斟酌这些可能的解决方法。

⑤最终使被说服者认可并接受其中最理想的解决方法,也就是放在最后的最适当的方法。

(7)有度

说服过程在于"适度",恰到好处。

【案例】

父亲的一块表不见了,到处翻也找不到,非常恼火。等他出去了,儿子悄悄进屋,不一会儿就找到了表。

父亲问儿子是怎么找到的,儿子说:"我就安静地坐着,一会儿就听到了钟表滴答滴答的声音……"

(三)拒绝

美国喜剧大师卓别林说:学会拒绝吧!你的生活将会美好很多。

在人际沟通过程中总会有一些拒绝与被拒绝的事情发生,对于不合理的要求或无法予以承诺的事情,该拒绝的一定要拒绝。

1.拒绝的原则

拒绝需要把握一定的尺度,坚持一定的原则,使自己轻松愉快地说出"不"字,并使对方欣然地接受。

(1)说出真实情况

若拒绝后还想和对方保持良好的关系,就要采取换位思考、同情的语调来处理。有人在拒绝时不敢实话实说,闪烁其词,反而会令对方产生误会。拒绝本是件很正常的事情,他人有求于你时多少也会有这个思想准备。只要处理得当,因拒绝而伤害关系的并不多;倒是拒绝时吞吞吐吐、模棱两可反而让人反感,更容易影响关系。

(2)适当的时间、时机与场合

①时间

拒绝要趁早,这样可以让对方有机会找别的出路。

②时机

适当的时机很重要,不宜在人多的场合拒绝。

③场合

最好选在单独的场合,比如办公室。如果在公共场所,小的场合更容易拒绝对方并被对方接受;从心理学的角度来说,和对方正对着脸且眼光直接接触时,拒绝最不容易让人接受,因此拒绝时宜选择光线暗的场合,两人的座位也以斜对面或并肩为宜。

(3)给对方留退路

①自以为是的人

这种人自尊心很强,直接拒绝的方式无疑会使他们下不了台,宜在耐心地倾听了对方的全部讲话后再决定怎样拒绝。最好能引用对方的话来"不肯定"他的要求,不仅能照顾他的面子还为其留了一条退路。

②满腔热情的人

他人满腔热情地求助于你,如果直接拒绝,一点回旋余地也没有会使他很伤心,甚至导致不堪设想的严重后果。例如,对求职者,可以告诉他:"你的外语水平对我们外企来说还欠缺一点,但你完全可以胜任其他企业的工作。"

(4)用友情来说服对方

要让自己拒绝的意见不引起对方的反感,最好让他明白你是忠实的朋友,自己并不强迫他接受反对意见,你是最关心他、从他的长远利益考虑的人。

2. 拒绝的技巧

如果方法恰当,对方不仅不会怪你,反而觉得你可交;如果方法不恰当,轻则导致对方不满,重则对你怀恨在心。学会了拒绝,就能在沟通过程中游刃有余,立于不败之地。

(1)避实就虚法

对某些严重违反原则或直接损害公众利益的要求,你不想或不能作出一些明确的答复,可以采取避实就虚的方法。

【案例】

一次,国际足联誉为"球王"的巴西运动员贝利在赢得比赛后被记者问:"贝利先生,你最满意刚才自己踢进的哪一个球?""下一个。"

(2)顺水推舟法

遇到不合理的要求时,找出提要求人的语言漏洞,顺水推舟,婉转拒之。

【案例】

民国时期,直系军阀首领吴佩孚的一位同乡前来投靠,吴佩孚知道此人才能平平,但碍于情面还是给他安排了一个闲职。不久,同乡便嫌弃官微职小,又请求调任旅长,并在申请书上说:"我愿率一旅之师,讨平两广,将来凯旋,一定解甲归田,以种树自娱。"吴佩孚见同乡这样没有自知之明,便提笔批了"先种好树再说"六个大字。

(3)善借外因法

人处在一个大的社会背景中,互相制约的因素很多,拒绝他人时可以寻找一个非个人的原因作借口,把矛盾引向另外的地方。

【案例】

一个人求某单位的领导办事,领导说:"我们单位是集体领导,像你的事需要大家讨论才能决定。你最好别抱太大的希望,如果实在坚持的话,待大家讨论后再说,我个人说了不算数。"

(4) 寻求谅解法

突出"恳求"从而拒绝,这是常用的拒绝方法。应态度诚恳,说自己确有不能满足对方要求的理由,还要尽量让对方理解自己拒绝的原因。例如,你不得不拒绝一个演讲邀请,可这样对邀请者说:"哎呀,很遗憾,我实在是排不出时间来了,对了,某某老师也讲得很好,说不定他是比我更适合的人选呢。"

(5) 心理满足法

在拒绝他人之前,可以明确表示你很希望满足对方的要求,然后从对方的立场出发,阐明自己的观点,这样做至少可以让对方在心理上得到满足。比如,有人邀请你去郊游,而这个时间你早已作了安排或不想去。可以说:"太棒了！我早就想和你一起好好到郊外玩玩了,可是……"

(6) 正面诱导法

在言语中安排一两个逻辑前提,逻辑上必然产生的否定结论留给对方自己得出,这样的拒绝效果往往比较理想。使对方意识到如果根据他的意见来办,将会遇到什么样的困难,可能导致什么样不利的结果,从而诱导对方否定自己的意见。

【案例】

战国时,韩宣王想同时任用两个旗鼓相当的大臣,用来互相牵制,以达到一种平衡,问摎留是否同意。摎留认为宣王如果同时重用这两位的话,会让韩国危险。他举了晋国与魏国这样做招致国家分裂、失去土地的活生生例子,成功地使韩宣王打消了念头。

(7) 巧设比喻法

通过一些贴切的比喻来告诉对方你的拒绝,让其理解你的心意,知难而退,且不会轻易怪罪你。

【案例】

春秋时,宋国司城子罕清正廉洁,受人爱戴。有人得到一块宝玉,请人鉴定后献给子罕,子罕拒不接受,说:"您以宝石为宝,而我以不贪为宝,如果我接受了您的玉,那我们俩就都失去了自己的宝物,倒不如我们各有其宝呢？"

(8) 含蓄暗示法

当你想拒绝与对方继续交谈时,可以做转动脖子、用手按揉太阳穴等漫不经心的小动作。也可以用目光旁视,或起身走动来表示对谈话不感兴趣的心理。还可以用语言暗示说:"还要给你添点茶吗？"

(9) 利用他人法

以他人为借口,这个"他人"是否说过你想借用的话没关系,只要将眼前难办的事推脱掉而又照顾了他人的面子,就达到目的了。

【案例】

小王在电器商场工作,一位朋友来买电视机,看遍了店里陈列的样品都没找到令自己十分满意的那种,便要求小王领他到仓库里去看看。小王笑着说:"不好意思,前几天我们经理刚宣布过,不准任何顾客进仓库。"

(四)谈判

美国谈判学会会长尼尔伦伯格说:只要人们是为了改变相互关系而交换观点,只要人们是为了取得一致而磋商协议,他们就是在进行谈判。

谈是指双方或多方之间的沟通和交流,判就是决定一件事情。只有在双方沟通的基础之上,了解对方的需求和内容,才能够作出相应的决定。即谈判是让他人支持我方从对方那里获得想要的东西的一个过程。

谈判是一门综合性的学科,被公认为是社会学、行为学、心理学、管理学、逻辑学、语言学、传播学及公共关系学等众多经济、技术科学交叉的学科。

1.谈判的分类

不同类型的谈判,其准备工作、运作、应采用的策略是不尽相同的。了解谈判的类型,有助于谈判获得成功。

(1)按性质划分

①一般型谈判

一般型谈判指一般人际交往中的谈判,是随意的、非正式的,双方无须做过多的准备,日常生活中几乎到处存在。例如,在家庭场合,朋友间商量去哪家商店购物,家人间讨论何时去郊外游玩等;在公共场合,如在交通工具上,乘客间协商调换座位等。

②专门型谈判

专门型谈判指各个专门领域中的谈判,大都具有明显的经济行为,是一种有准备的正式谈判。包括教育领域中合作办学的谈判、金融领域中的信贷谈判、科技领域中的技术转让谈判、生产领域中的产品开发谈判及商业领域中的贸易谈判,等等。

③外交型谈判

外交型谈判指国与国之间就政治、军事、经济、科技、文化等方面的问题或交流而进行的谈判。其程序严谨、准备充分、效果明显、影响较大,谈判的结果对双方都有很大的制约性。

(2)按主题划分

①单一型谈判

单一型谈判指谈判的主题只有一个,双方对谈判的主题必须确定某个能共同调节的"变量值"。例如,买卖双方只针对价格进行谈判,这个价格应是双方均可调节的变量。因为卖方期望这个值高,而且愈高愈好;而买方则期望这个值低,且越低越好。这种差异只能通过谈判来调节,以取得双方都能接受的结果。

②统筹型谈判

统筹型谈判指谈判的主题由多个议题构成。这种谈判,双方已不再是"单一型谈判"

中的激烈竞争对手,他们能一起合作,同时会得到较多的利益。例如,甲乙双方正在进行谈判,一个是关于价格问题,甲要求至少 3 万元才能成交,而乙方则坚持最多只能考虑 2 万元,双方不存在达成协议的可能;另一个是交货时间问题,甲方提出最早 6 个月才能交货,而乙方则要求最晚不超过 4 个月交货,双方同样不存在达成协议的可能。在很难找到双方都可以接受的妥协方案时,用统筹型谈判,协议就有可能达成。即如果乙方愿意在价格上接受 3 万元的成交价,那么甲方也愿意在交货时间上接受乙方不超过 4 个月的时间,双方彼此接受这个折中方法就可达成协议。

2. 谈判的方式

(1) 按双方的接触形式划分

① 直接谈判

直接谈判是指在谈判活动中,参加谈判的双方当事人之间不需加入任何中介组织或中介人直接进行的谈判形式。包括面对面的口头谈判和利用信函、电话、电子媒介等通信工具进行的谈判形式。

② 间接谈判

间接谈判是指参加谈判的双方或一方当事人不直接出面参与谈判活动,而是通过中介人(委托人、代理人)进行的谈判。这种谈判形式在谈判活动中应用较为广泛。

(2) 按议题的商谈顺序划分

① 横向谈判

横向谈判指在确定谈判所涉及的所有议题后,开始逐个讨论预先确定的议题,在某一议题上出现矛盾或分歧时,就把这一问题暂时搁下,接着讨论其他问题,如此周而复始地讨论下去,直到所有内容都谈妥为止。

② 纵向谈判

纵向谈判指在确定谈判的主要议题后,逐一讨论每一问题和条款,讨论一个问题,解决一个问题,直至所有问题得到解决的谈判方式。其特点在于集中解决一个议题,即只有在第一个讨论的问题解决后,才开始全面讨论第二个议题。

3. 谈判的准备工作

(1) 确定谈判态度

需要根据谈判对象与谈判结果的重要程度来决定谈判时所要采取的态度。

① 谈判对象很重要,且长期合作,而此次谈判的内容与结果对我方并非很重要。应抱有让步的心态进行谈判,即在我方没有太大损失与影响的情况下满足对方,这样对以后的合作会更加有利。

② 谈判对象很重要,而谈判的结果对我方同样重要。应抱持一种友好合作的心态,尽可能达到双赢,将双方的矛盾转向第三方。例如,市场区域的划分出现矛盾,可以建议双方一起或协助对方去开发新的市场,扩大区域面积,将谈判的对立竞争转化为携手竞合。

③ 谈判对象不重要,谈判结果对我方也无足轻重。应轻松上阵,不要把太多精力消耗在这样的谈判上,甚至可以取消谈判。

④ 谈判对象不重要,但谈判结果对我方非常重要。应以积极竞争的态度参与谈判,

不用考虑谈判对手,完全以最佳谈判结果为导向。

(2)了解谈判对手

在谈判中"知己知彼百战不殆"很重要,了解对手的情况越多,就越能把握谈判的主动权,就好像预先知道了招标的底价一样,自然成本最低,成功的概率最高。

①了解基本情况

了解对手时不仅要了解对方的谈判目的、心理底线等,还要了解对方的运营情况、行业情况、谈判人员的性格、组织文化、谈判对手的习惯与禁忌,等等。这样便可以避免很多因文化、生活习惯等方面的矛盾,对谈判产生的额外障碍。

②了解其他竞争对手的情况

这是非常重要的因素。比如,一场采购谈判,我方作为供货商,除了要了解可能合作的其他采购商的情况,还要了解可能与这些采购商合作的其他供货商的情况。这样就可以适时给出相较其他供货商优惠的合作方式,更有利于达成协议。在对手提出苛刻的要求时,把其他采购商的信息拿出来能让其明白我方是清楚底价的,而且还有很多可选择的合作方。

(3)准备多套方案

谈判双方最初拿出的方案都是对自己非常有利的,而双方又都希望通过谈判获得更多的利益,因此,谈判结果肯定不会是双方最初拿出的那套方案,而是经过双方协商、妥协、变通后的结果。

在双方你推我拉的过程中常常容易迷失了最初的意愿,或被对方带入误区,此时最好的办法就是多准备几套谈判方案,先拿出最有利的方案,没达成协议就拿出其次的方案,还没有达成协议就拿出再次一等的方案,即使我们不主动拿出这些方案,但是可以做到心中有数,知道向对方的妥协是否偏移了自己最初设定的框架,这样就不会出现谈判结束后,仔细思考才发现,自己的让步已经超过了预计承受的范围。

(4)建立融洽气氛

在谈判之初,最好先找到一些双方观点一致的地方并表述出来,给对方留下一种彼此更像合作伙伴的潜意识。这样接下来的谈判就容易朝着一个达成共识的方向进展,而不是对抗。当遇到僵持时也可以拿出双方的共识来增强彼此的信心,化解分歧。

可以向对方提供一些其感兴趣的信息,或对一些不是很重要的问题进行简单的探讨,达成共识后双方的心理就会发生奇妙的改变。

(5)设定谈判禁区

谈判是一种很敏感的交流,即使讲话时语言简练、措辞谨慎,在艰难的长时间谈判过程中也难免出错。最好的方法就是提前设定好谈判的禁语,哪些话题是危险的,哪些行为是不能做的,双方的心理底线等,以最大限度地避免在谈判中落入对方设下的陷阱或误区。

4.谈判中语言运用的原则

(1)客观性原则

客观性原则是其他原则的基础,在谈判中表达思想、传递信息时,必须以客观事实为依据,并且运用恰当的语言为对方提供令其信服的依据。

(2)针对性原则

在谈判中表达要有针对性,认清对象、对症下药,争取让对方大脑处在最佳接收信息状态时表述清楚自己的信息。如果要表达的是内容很多的信息,比如合同书、计划书等,在讲述或者诵读时语气、语调要有抑扬顿挫的变化。例如,重要的地方可以提高声音、放慢速度,也可以穿插一些问句,引起对方主动思考,增强注意力。在重要的谈判前应该进行模拟演练,训练语言的表述、突发问题的应对等。

(3)逻辑性原则

在谈判过程中表述要概念明确、判断恰当、证据确凿,推理符合逻辑的规律,具有较强的说服力。

(4)隐含性原则

在谈判中要根据特定的环境和条件,委婉而含蓄地表达思想、传递信息。

(5)规范性原则

在谈判中必须认真思索、谨慎发言,用严谨、精准的语言表达自己的观点和意见,才能通过谈判维护或取得自己的利益。

(6)说服力原则

说服力是谈判语言的独特标志,谈判人员在谈判过程中无论语言表达形式如何,都应该表现出令人信服的力量和力度。

(7)简练性原则

在谈判中忌讳语言松散或像拉家常一样的语言方式,否则,自己的关键词语很可能会被淹没在拖沓、毫无意义的语言中。人们在接收外来声音时,刚开始是专注的,但注意力随着接收信息的增加会越来越分散,如果是一些无关紧要的信息,更会被忽略。

5.谈判的技巧

(1)基本技巧

①重复法

相互重复对方的言行来获得认同是一个信号,表明双方开始紧密联系,开始建立起一种趋向信任的和谐关系。

在对方发表不同意见后,一个富有经验的谈判者总是用自己的话将对方的意见重复一遍,但这种重复不是完全的一字不差地照搬,而是把它变成自己的话,并在重复时削弱甚至改变了异议的实质,使一个十分尖锐的反对意见变成一个普通的问题,从而使得对方的意见变得比较容易对付。例如,对方说:"我方认为交货时间太晚了。"可以接上去说:"那么,您认为交货时间不够早,是吗?"虽然只换了几个字,意思却明显地平和了。

②激将法

通过一定的语言手段刺激对方,激发对方发生情绪波动和心态变化,并使这种情绪波动和心态变化朝着自己所预期的方向发展,使其下决心去做某种我方希望他去做的事。

【案例】

广东某商行一直订购福建一家瓷厂的茶具,后因商行生意不景气,又更换了新经理,于是商行与瓷厂的业务往来出现了危机。瓷厂厂长便亲赴商行与新上任的经理洽谈:"我十分理解贵行的处境,说句心里话,我诚心实意地想继续同贵行建立长期的业务联系。但贵行目前生意不景气,您虽然年轻有为,但'升'不逢时,所以……"话未说完,新经理觉得受到了瓷厂厂长的轻视,于是夸耀般地介绍了他的经营之道,上任后的宏伟目标,以及要使商行重新兴隆的新措施,并表明还将继续保持同瓷厂长年的业务联系。

瓷厂厂长巧妙地运用激将法,点燃了对方自尊的火花,使谈判达到理想的效果。

运用激将法要掌握好火候,火候不足,语言不力,激发不起对方的情感波动;火候太过,会造成大的心理压力,诱发出逆反心理,对方就会一味固守本来的立场和观点。

③赞美法

谈判时首先用真诚的赞美去引起他人美好的情感,将会使被称赞者心情愉快,认为自己受到肯定,同时对称赞者也容易产生好感,这样就缩短了谈判双方的距离,为进行心灵沟通打下了良好的基础。

【案例】

一位催眠专家表示,如果想催眠一位看上去有教养的人,最重要的秘诀是,在事前不露痕迹地给他这样的暗示——知识水准越高的人越容易被催眠。那么,不论此人是否真的有教养,他都很容易被催眠。因为他为了证明自己是有教养的,会先迫使自己这么做。

④示弱法

任何一个谈判者都不会永远处于优势地位,如果遇到了一个强于自己的对手,示弱是一种取胜的法宝。首先,示弱者给了强者一个表现自我的机会,强者往往乐于提供帮助;其次,示弱是一个弱者最强的表现。软弱有时也是一种力量,可以使强者无用武之地。

【案例】

三个日本人代表日本公司和美国一家公司谈判。谈判从早上八点开始,美方代表利用充足的资料向日本代表展开了强大的攻势,通过屏幕详细地介绍、演示各式图表和计算结果。而日方代表只是静静地坐在那里,一言不发。

两个半小时之后,美方代表关掉放映机并打开灯,满怀信心地询问日方代表的意见。第一位面带微笑,彬彬有礼地答道:"我们不明白。""不明白?什么地方不明白?"另一位答道:"都不明白。"美方代表沉不住气了:"从哪里开始不明白?"第三位慢条斯理地说:"从你将会议室的灯关了之后开始。"美方代表问:"你们要怎么办?"三位日本代表异口同声地说:"请你再说一遍。"美方代表彻底泄了气,他们再也没有勇气和兴致重新上演那两个半小时紧张的场面,只得放低要求,不计代价,只求达成协议。

美方代表是有备而来的,如果同他们正面交涉很难占到便宜,日方代表索性收敛锋芒,宣称自己什么也不懂,反倒打乱了对方阵脚,获得了成功。

⑤比喻法

古希腊哲人亚里士多德说过:比喻是天才的标志。

成功的谈判者总是能够在需要的时候随时随地举例子,使自己的讲话变得生动、具体、有说服力和吸引力,使自己的观点变得容易为对方所理解并最终被接受。在谈判中,有时如果能运用一个形象生动的比喻,化抽象为具体,化深奥为浅显,化生僻为通俗,往往能起到意想不到的效果。

【案例】

德国女数学家爱米·诺德获得博士学位后,还不能立即开课,因为她还没得到讲师资格。

但她的学识和才华受到了从事"广义相对论"研究的希尔伯特教授的赏识。在一次教授会上,为爱米·诺德能否成为讲师发生了一场争论。一位教授激动地说:"怎么能让女人当讲师呢?如果她做了讲师,以后就要成为教授,甚至进入大学评议会。难道允许一个女人进入大学最高学术机构吗?"希尔伯特教授反驳道:"先生们,候选人的性别绝不应该成为反对她当讲师的理由,我请先生们注意,大学评议会,毕竟不是澡堂!"对方顿时哑口无言。

澡堂才是要分男女的,希尔伯特用比喻把大学评议会这一崇高的学术机构和世俗的澡堂联系起来,让大家看到了以性别决定学术资格的荒唐可笑。

⑥绕弯法

指把想说的意思不直接说出来,而是先谈一些貌似与主题无关,令对方感兴趣、能接受的话题,然后由小及大、由少到多、由浅入深、由远及近、由轻到重、由易到难地一步一步引入正题。这样,由于有了前面的层层铺垫,本来对方难以接受的意见听起来就显得不那么尖锐,不那么难以接受了。

【案例】

美国菲德尔费电气公司的推销员韦普到一家农庄去推销用电,他来到一家整洁而富有的农户门前,有礼貌地敲了好久,门才打开一条小缝。一个农妇问:"你找谁?有什么事?""我是菲德尔费电气公司的……"韦普刚说一句门立刻就关上了。

韦普发现农户院子里有大量养了不错的鸡,于是再一次敲门,好半天门才打开一条小缝。他说:"很对不起,打扰您了。我不是为电气公司的事而来,我只是想向您买点鸡蛋。"农妇把门开得大了一点。"多漂亮的多明尼克鸡啊!我家也养了几只,可就是不如您养得好,而且只会生白蛋,您知道做蛋糕时用黄褐色的蛋比白色的好,我妻子今天要做蛋糕,所以……"农妇高兴了,立刻把门打开并请韦普进入屋。

韦普一眼瞥见房中有一套奶酪设备,于是推测出农妇的丈夫是养乳牛的,便说:"我敢打赌,您养鸡一定比您丈夫养乳牛赚钱多!"这句话一下子就说到了农妇的心上,这是她最引以为豪的事情。气氛一下子热烈起来,农妇视韦普为知己,无所不谈,甚至主动地向韦普请教用电的知识。没几天农妇便提出了用电申请,此后,农妇所在的那个村庄都开始使用菲德尔费电气公司所提供的电了。

在谈判中,出现僵局是很常见的。如果双方都固执己见,针锋相对,有时会"欲速则不达",导致谈判破裂。不妨多花点时间,先绕个弯子,谈一些其他话题,让紧张的谈判气氛缓和下来,与对方建立心理相容的关系,然后一步步引出主题,让对方接受。

⑦反说法

指正话反说,不从正面驳斥对方的观点,而是从对方的观点出发,尽情地引申、发挥、夸张,用违反常理、颠倒是非的语言显示其观点的荒谬性,让对方自己醒悟。

【案例】

楚庄王的一匹爱马死了,他非常伤心,下令以上等棺木,行大夫礼节厚葬。大臣们纷纷劝阻但无济于事,最后庄王还下决心说谁敢再劝阻,一定要杀死他。宫廷艺人优孟知道了,直入宫门,仰天大哭,倒把庄王弄得异常纳闷,迫不及待地问是怎么回事。优孟说:"那马是大王最喜欢的,却要以大夫的礼节安葬它,太寒酸了,请用君王的礼节吧!"

庄王越发想知道理由了,优孟继续说:"请以美玉雕成棺……让各国使节共同举哀,以最高的礼仪祭祀它。让各国诸侯听到后,都知道大王以人为贱而以马为贵啊。"至此庄王恍然大悟,赶紧请教优孟如何弥补自己的过失,最终将马烹而食之。

⑧暗示法

由于各种原因,有时谈判者如果直接说明观点会给对方造成伤害而形成对抗,这时可用隐约闪烁的话从侧面启发对方,间接地表达思想,让对方细细品味,最终接受。

【案例】

一个人在餐馆就餐时,发现汤里有一只蟑螂,不由大动肝火。他先质问服务员,对方全然不理。后来他找到餐馆老板,提出抗议:"这一碗汤究竟是给苍蝇的还是给我的,请解释。"那老板只顾训斥服务员,全然不理睬他的抗议。他只得暗示老板:"对不起,请您告诉我,我该怎样对这只苍蝇的侵权行为进行起诉呢?"老板这才意识到自己的错处,立刻换了一碗汤,谦恭地说:"您是我们这里最尊贵的客人!"

⑨数字法

数字虽然枯燥,但它可以客观、精确地反映问题,表现事物,故人们对数字普遍有一种信赖的心理。数字法就是在谈判时将自己的意见通过精确的数字来表达,使对手感到你精通某个问题,从而使对方产生信任感。

【案例】

20世纪90年代初,苹果公司在研发麦金塔计算机时要对开机速度做优化。工程师们说已经尽力了,但是乔布斯还要求再缩短10秒。

乔布斯给工程师们算了一笔账:将来至少会有500万人使用我们的产品。假如开机速度省出来10秒,10秒乘以500万,一天就省出5 000万秒,一年就是3亿多分钟,这相当于10个人的一生啊。

工程师们被说服了。

⑩刚柔法

指在谈判中以态度、语气伴随着谈判内容而造成一种气势来威慑对方的一种刚柔相济的技巧。刚柔法适合在谈判过程中一味地好言相劝却达不到目的,特别是对手态度强硬时采用。在谈话中既有顺耳中听的温言软语，又有尖锐犀利的言辞，向对方表明自己既有诚恳、友好的合作态度，又坚持原则，无所畏惧。不卑不亢，有理有节，对方就容易就范。

【案例】

1986年，广东某玻璃厂就引进新设备的问题与美国一玻璃公司谈判，但在全部引进还是部分引进问题上双方相持不下。

为了缓和气氛，促成协议，玻璃厂代表陈述了三点意见："贵方的技术、设备和工程师为我方提供服务对双方都有利；因外汇限制，国内有的就不需要再引进；贵方也知道意大利、荷兰等几个国家代表团正在同我国北方省份的玻璃厂进行引进生产线的谈判，如果我们的谈判因一点点小事而归于失败，不但我厂，更重要的是贵方将蒙受巨大的损失。这损失不仅仅是生意，更重要的是声誉。"对方听了三点全面而中肯的分析后，便放弃了全部引进的方案，很快签约。

玻璃厂代表在陈述中首先阐明了双方合作便有利可图，给对方以利益上的引诱；接着又阐述如果不尽快达成协议，则可能损失更大，这样又给对方以威胁。既威逼又利诱，迫使对方作出让步，这一招在各种谈判中使用都比较广泛，也是十分有效的。

(2) 策略技巧

① 入题技巧

【案例】

被美国人誉为"销售权威"的霍伊拉，在去梅依百货公司洽谈业务前了解到公司的总经理会驾驶飞机。于是他在和总经理洽谈时随意说了一句："您在哪儿学会驾驶飞机的？"一句话便触发了总经理的谈兴，谈判气氛显得轻松愉快。结果，霍伊拉不但谈成了业务，总经理还和他交上了朋友，并邀请他乘坐了自用飞机。

正如人们日常交谈一样，谈判也可从寒暄开始，既可破题，又可创造轻松愉快的谈判氛围。表面看来好似无关紧要的寒暄，虽然本身并不正面表达某种特定的意思，被人们称为非实质性谈判现象，但是在整个谈判中的作用却是不可或缺的，对谈判双方的思想、情绪和行动都有着相当大的影响。此外，寒暄不仅可以营造友好和谐的谈判气氛，而且也是谈判之始观察对方情绪和个性特征，获取有用信息的好方法。

一个有经验的谈判者能透过相互寒暄时的那些应酬话，去掌握谈判对象的背景材料。例如，他的性格爱好、处事方式、谈判经验及工作作风等，进而找到双方的共同语言，为相互间的心理沟通做好准备。正是基于对寒暄所起作用的认识，人们应该着意选择寒暄的话题，最容易引起对方兴趣的话题莫过于谈到他的专长。

A. 从题外话入题

题外话话题丰富，不必事先准备或刻意修饰，信手拈来即可，是一种简单、有效的入题技巧。

a. 有关气候的话题

例如，"今天的空气质量真好！""还是生活在南方好啊，一年到头温度都这么适宜。"

b.有关新闻的话题

例如,"昨天奥运会闭幕式你看了吗?中国代表队获得本届奥运会金牌总数第一。"

c.有关旅游的话题

例如,"我国的兵马俑堪称世界一绝,没有去看那是一大遗憾。""各位这次经过泰山,有没有去游览,印象如何?"

d.有关旅途的话题

例如,"各位昨天的火车正点吗?一路上辛苦了!""餐车上的饭菜适合大家的口味吧?"

e.有关名人的话题

例如,"听说某影星要出任某巨片的主角,这真是再恰当不过的人选了,很可能要拿'百花奖'什么的。""某某告别体坛了,他这么年轻就退役,实在可惜。"

B.从客套话入题

如果对方为客,来到我方所在地谈判,应该谦虚地表示各方面照顾不周,没有尽好地主之谊,请谅解,等等。

C.从主人的情况入题

由主人介绍一下自己的经历,说明自己缺乏谈判经验,希望各位多多指教,希望通过这次谈判建立友谊,等等。

D.从介绍人员入题

可以在谈判前,简要介绍一下我方人员的经历、学历、年龄及成果等。由此打开话题,既可以缓解紧张的情绪,又不露锋芒地显示了我方强大的阵容,使对方不敢轻举妄动,等于暗中给对方施加了心理压力。

E.从介绍情况入题

谈判开始前,先简略介绍一下我方的基本情况,提供给对方一些必要的资料,以显示我方雄厚的实力和良好的信誉,坚定对方的合作信心。

②陈述技巧

陈述是谈判的主要内容,也是实现谈判目的最重要的手段。讲者在整个谈判过程中必须对自身严格约束,在陈述时既不能信口开河,又不能把对方想知道的情况坦诚相告,还要准确地表达自己的观点与见解,并表达得有条有理、恰到好处。对不同性格的谈判对手应有针对性地调整陈述方式。例如,对方很有修养,措辞文雅,我方也要采取相似用语,谈吐不凡;对方用语朴实无华,我方用语也不必过多修饰;对方快言快语,我方就无须迂回曲折,应干脆利落地摊牌。

A.转折语

转折语是谈判中陈述某种观点的技巧之一,谈判中如遇到问题难以解决、有话不得不说,或接过对方的话题转向有利于自己的方面,都要使用转折用语。例如,"可是""但是""虽然如此""不过""然而"等等。这种用语具有缓冲作用,既不致使对方感到难堪,又可以使问题向有利于自己的方向转化。

B.解围语

当谈判出现困难,无法达成协议时,为了突破困境,给自己解围,可以运用解围用语。

只要双方都有谈判诚意,对方就可能接受意见,促使谈判成功。例如:"就快要达到目标了,真可惜!""行百里者半九十,最后的阶段是最难的啊! 这样做,肯定对双方都不利。""既然事情已经到了这个地步,懊恼也没用,还是让我们再做一次努力吧!"

③提问技巧

有时达到目的需要迂回前行,否则直接奔向目标会引起对方的警觉与对抗,应把对方的思维引导到我方的包围圈中,可以通过提问的方式,让对方主动说出我方想听到的答案。提问是一种非常流行的谈判技巧,在谈判中有十分重要的地位。提问的方式有很多种,提出问题是为了不同的目的,有时是为了获得信息,有时是为了回避回答问题而拖延时间,也有时干脆是没话找话。通过提问可以把握场上的主动权,给对方以攻势。

A. 试探性问题

谈判者第一次使用提问方式是作为试探对方防御的一种方法,在对方的主张中发现一个弱点,并为了在发动大的攻势前肯定它,则对此类问题故意采取一般的方式来表达。例如:买方看完卖方出示的一份报价后,可以用这样的话开始讨论:"我看了你的报价,在研究细节之前,你是否可以完整地解释一下,这次价格高于上一次,是用什么方法计算出来的?"卖方不知道买方是否在总体上同意他投标中提出的项目,任何全面的回答可能只是向买方提供新的攻击点,事实上这正是买方的提问所在。因此,卖方的反应是反提问,旨在逼迫限制买方的提问范围,并更多地暴露提问的意图。卖方可以采取下列回答:"这里是有什么困难吗? 很抱歉,本来以为我方的报价已清楚地说明了总的情况。但我方乐于澄清使你感到不满的问题,什么事使你特别担心?"卖方不但要求对方阐明意见,还提出了反问。这个反问可以更清楚地摸清买方到底属于哪一种情况,是不满报价,还是想得到更多的信息。这样,卖方通过反问,重新获得主动权。

B. 具体问题

一个只能提供数据回答的问题称为具体问题,其性质决定于问题本身的措辞。例如,"你们生产和检验的程序是怎样的?"具体问题和攻击性的问题是不能盲目提出的,提问人必须事先知道对方的回答或至少知道一部分时,才可向对方进攻。

C. "是否"问题

提问者绝不应该提出那种对方只能以"是"或"否"作答的问题,除非提问者事先已准备好理由,而且确信他将得到所需要的回答。这种回答最后的结果是双方非正式地达成一个明确的协议。另一类情况是,这类问题如都有事实可以作答,就会使提问者陷于绝境,除非提问者已准备好补充的问题。如果提问者不能应付这种回答就只能接受,而这方面问题也就到此为止了。所以,一项具体问题只能在两种情况下提出:一是,提问者相信提出的问题是对方的一个弱点,并已准备好继续提的问题;二是,提的问题只是提问者满意的且是想加以确认的。

D. 进攻性问题

这是一种既有价值又有危险的提问方式,不仅容易引起对方激动,还可能引起冲突。一般情况下,冲突是要尽量避免的,而这种提问,恰是在深思熟虑之后认为冲突是必要的时候才提出的。凡属下列一类的提问,都称为进攻性问题:"你怎么能证明那是合理的呢?""那怎么能算有根据呢?"

④报价技巧

在买卖中,估价总是与那种"一分钱一分货"的思想联系在一起的,人们习惯于将高质量与高价格、低质量与低价格联系在一起。因此,卖方在报价时总是尽可能地报高价,以便在某种程度上增加其竞争力,同时也能为以后的磋商留下充分的余地,给自己留下一些可以进行讨价还价的"牌"。

A.报出"最高可行价"

谈判初始,对于最初的报价有个很重要的原则,报价必须是最高可行价格。最初的要求也应当是最高的要求,一场好的讨价还价要对双方均有好处。

最高可行价不是一个绝对的数字,而是取决于特定的具体场合的相对数字,特别是与对方进行交易的方式和态度直接相关。报价通常要包括一系列内容。例如,商务谈判的开盘价,不仅是价格问题,还要包括交货条件、支付手段、质量标准和其他一系列内容。每个单项的开盘价,都应当是最高可行价,在我方设法为自己谋利时,对方肯定要迫使我方在一两个项目上让步;只有到了磋商阶段,才能知道对方会在哪些项目上迫使我方让步。因此,必须在所有项目上报出高价,以便有足够的回旋余地。

所有信号中最强有力的信号是第一次报价的高低,双方从向对方提出开局要求开始就建立了预期值。第一个报价在整个谈判与磋商过程中都会持续起作用,故先报价比后报价影响要大得多。不过,先开局也有危险,很有可能我方要求得不够高,这就丢掉了一些利益;反之,也可能开始的要求高得有些荒唐,对方根本不可能达到。

总之,在谈判桌上,要求得愈多,所得到的也愈多。

B.确定讨价还价的范围和目标

在讨价还价过程的开始,可以确定不同的讨价还价目标。第一个目标可以称为"最好的交易",这是讨价还价者的全部希望彻底得到满足的交易;讨价还价的下一个目标会比第一个目标低,是讨价还价者预期的对自己来说比较公平的生意,通常称之为"可接受的生意"。谈判者最初的报价比较高,但并没有真认为能全部得到,在谈判中一旦所得与心目中所想的相差不大时,就会与对方做成这笔交易,如果接受的比所想的要少就会失望。

确定讨价还价的范围和目标应遵循的原则是:首先,在开始谈判之前,必须了解自己的期望;其次,一旦知道自己想得到什么,就必须坚持到底。女性由于细心的特点,在市场上采购物品时往往坚持以最低价格购买物品,通常她们是严格的谈判者。

C.利用"加薪法"

加薪法的意思是,要么不开价,需要开价的话,目标价应该在双方差价的中间,即假设谈判结果会在谈判范围的中间。比如,对方开价100元,你觉得80元可以买,那么应该开多少钱?80乘以2等于160,减掉对方的开价100,所以要开60元。因为60距离80多20,80距离100也是20,这样可以造成双赢的感觉。

⑤让步技巧

在谈判中,让步可以表现你的诚意、宽宏大量和自我牺牲。

【案例】

某公司在与北京的经销商进行贸易谈判时,面临上海同行的激烈竞争,要达成协议就必须在价格上作很大的让步。如果仅从某个具体谈判过程看,这样的让步似乎不合算,因为公司获利不多,甚至无利可图。但从全局及长远看,这次贸易对公司打进北京市场非常有利。因此,公司的决策层果断地指示谈判人员尽量争取合理的价格,即使让利甚至无利也要努力达成协议。

谈判场上的让步,往往又是一种互动性行为。只有自己的让步才会换来对方的让步,如果双方互不相让或一方始终不作任何一点让步,谈判就会破裂。在谈判中,对我方来说,让步应注意以下三点:

A.让步的速度

让步不可太快,因为双方等得越久,越会珍惜获得的让步(这种等待要让对方明显地感到是有希望的),不致得寸进尺。

【案例】

一位著名的冲突管理专家在代表某商场与一家工厂进行谈判时,由于商场经理在现场向工厂负责人发表了不当的言论,使得工厂负责人勃然大怒,提出商场经理必须公开道歉,这是没有谈判余地的要求。商场经理也觉察到自己失言,准备公开道歉。但专家却这样对工厂负责人说:"我了解道歉之事的重要性,一定尽力帮你们争取,但不能给你们什么保证。不过,如果你们希望我去争取这件事,是否应该在其他事情上与我合作?"过了几天(故意的拖延),专家又把他的条件明朗化:"如果我能为你们争取到商场经理的公开道歉,有关商品的退赔问题,你们是否同意我的看法?"最后,商场经理以公开道歉这一无关痛痒的让步,换取了工厂在商品退赔问题上的重大让步。

B.让步的幅度

美国谈判学家卡洛斯曾进行了一系列不同让步形式的试验,结果他指出:在谈判的过程中,较能控制自己让步程度的谈判者总是处于较有利的地位,特别是当谈判快要形成僵局时。成功的谈判者所作的让步,通常都会比对方作出的让步幅度小。他们大肆渲染这种让步,强调让步的困难性,给对方他们已作出了很大牺牲的感觉,而失利的一方通常是因为无法把握让步的幅度并控制让步的速度。

【案例】

买方:你这种机器要价 750 一台,我们刚才看到同样的机器标价 680 元,你对此有话说吗?

卖方:如果您诚心买的话,680 元可以成交。

买方:如果我是批量购买,一次买 35 台,你也要一视同仁吗?

卖方:不会的,我们给予每台 60 元的折扣。

买方:我们现在资金紧张,是不是可以先买 20 台,3 个月后再买 15 台(卖主犹豫了一会儿,因为只买 20 台折扣是不会这么高的,但想到最近不太理想的销售状况就答应了)。

买方:你的意思是以620元的价格卖给我们20台机器？干嘛要620元呢？凑个整儿,600元一台,计算起来也省事,我们马上成交。(卖主想反驳,但是"成交"二字对他颇有吸引力,他还是答应了)

C.让步的性质

不作无谓的让步,即每次让步都要从对方那里获得某些利益。在实质性问题上,千万不要轻易让步,但在一些细枝末节的问题上可主动让步,尤其可以多作一些对自己实质上没有任何损害的让步。例如,"如果我把订单扩大两倍,你在价格上是否可以作出20%的折扣？""如果我同意向这次购买提供专项拨款,你是否可以马上在订单上签字？"有时让步会减少收益,但有时却并不减少;有时你作出了让步,对方并未感觉到;有时你未作出实质上的让步,对手却感觉到了你的让步,这就是于己无损的让步。

【案例】

有位老板想付3万元年薪雇用A先生,但A先生提出5万元年薪的要求。老板说:"你应该得到你所要求的,这很合理。只是在这个级别的薪酬等级中,我所能提供给你的薪水是2.8万元到3万元,你想要多少？"A先生说:"我想要3万元。"老板略加抵抗说:"2.9万元,你认为怎么样？"A先生说"不,我要3万元。"老板叹了口气说:"好吧,如果你坚持这样做,我只好答应了,就3万元吧。"

明明是老板的意见,最后竟成了谈判对手坚持要老板让步的意见及其努力的目标,这样的谈判是不可能不成功的。

⑥扭转技巧

如果谈判双方在某一问题的谈判上对交易的期望值太大,而彼此又不愿向对方作出让步,谈判就可能陷入僵局。一旦僵局出现,谈判者就要思考分析出现的原因、结果及自己因此而可能承担的责任,这些考虑可能促使谈判者作出让步决策,化解僵局压力。也正因为如此,有些谈判者在可让步的情况下拒不让步,有意造成僵局,以达到迫使对方让步的目的,这也是一种谈判战术。

A.间接处理

a.形式上肯定,实质上否定

承认对方在非实质性问题上的意见或其中一部分,然后引入某些对方无法得知或无法否认的信息和理由,将对方的意见予以否定。例如,对方谈判代表说:"用……包装的商品我们不能要！"假如经过分析,发现对方的意思只是想为讨价还价寻找借口,则可以回答:"其实不只是你们,有好几个用户都认为这种商品的包装不好看,但是如果真正了解这种包装对商品的运输保护能力,和拆下包装后改作他用的使用价值,你们就会发现采用这种包装的好处了"。

b.借用对方的理由来说服对方

即把对方意见中有利于我方的部分提出来,用其说服对方改变看法。

【案例】

卖方:"虽然你们的购买量很大,但是要求折扣幅度太大,服务项目要求也过多,所以这笔生意没法做!"

如果经过分析,发现卖方只是因为产品好销而故作姿态,则可以向对方表明:"正如你们所说,我方的进货量很大,是其他企业无法相比的,所以我方要求价格折扣幅度大于其他企业,这是可以理解的,也是正常的。再说,从形式上看,你方向我方提供了运输服务,但由于量大,产品下线后直接发运,既节约了库存费用,又加快了资金周转,还可节约入库、出库的劳动力,这对我们双方都是有利的。如果我们能彼此协调,今后我方还会成为你方的主要合作伙伴,这样就可以减少你方对许多小企业的优惠费用和人员推销费用。可以说,我们这样要求正是考虑互利互惠的结果。"

c.引导对方自我否定

即谈判者不立即表态,而是通过提出问题,让对方逐步否定原来的意见。

【案例】

一位总工程师认为推销员出售的马达发动起来太热,烫手不能摸,质量不好,表示不再购买。推销员问:"你一定知道电制品工会规定的标准马达温度吧?""是的。""工厂里的温度是多少?""大概华氏75度。""假如工厂内的温度是75度,那么加上马达高出室温的标准72度,也就是147度。假如您把手放进147度的水里是不是会烫伤呢?""是的。""那么,是不是最好不要把您的手放在马达上呢?""嗯,我想你说得不错。"

推销员的一番话,引导总工程师自己否定了马达烫手是质量问题的观点,结果使总工程师马上又购买了几百台马达。

d.先强调,后削弱

即谈判者先以看似强调的口气,把对方的反对意见复述一遍,然后再逐渐弱化这种意见。在复述时,不应改变其本意,但在形式上可以把文字顺序颠倒。例如,对方说:"你们厂这个系列的商品怎么又涨价了,太不合理了,我们不买了!"可以这样回答:"是的,我们理解你的心情,价格同去年相比,确实高了一点……其实,我们也不希望涨价。可是,××原料紧缺,价格上涨,这些事咱们都无法做主,我们也是不得已呀。"

B.直接处理

a.例证证明

即运用大量例证来支持自己的意见(但要注意不可捏造证据),尤其是权威部门的文件、规定、市场先例和行为习惯等,都可以作为谈判的例证使用。

【案例】

日本日铁公司按某协议给上海宝山钢铁总厂寄来一箱资料,原来定好寄6份,清单上也写明为6份。但上海方面打开箱子后,却发现只有5份,于是双方再度谈判。日方坚持声称:"我方提供给贵方的资料,装箱时要经过几关检查,绝不可能漏装。"谈判陷入僵局。

上海方面的一位谈判代表说:"资料丢失,有三种可能:一是贵方漏装,二是途中散失,三是我方开箱后遗失。如果途中散失,则外面的木箱应当受到损坏,现在木箱完好无损,这一可能可以排除;如果我方遗失,那木箱上印的净重应当大于现有资料净重,而事实是现有5份资料的净重与木箱所印净重正好相等,因此我方遗失的可能性也应排除;那只有一个可能,即贵方漏装。"日方无话可说,只得补齐了资料并按协议做了赔偿。

b.绕过分歧

即形式上处理分歧,实质上绕过分歧。换言之,谈判者避开双方争执不下的问题,去讨论那些容易形成一致意见的问题,努力创造一种合作的谈判气氛,待某些问题得到解决之后,再回过头去讨论引起争执的问题,事情就会好商量了。

【案例】

一家大型家具公司要求木材公司以优惠价格提供制作家具的木材,但遭到木材公司的拒绝,并推脱说是因为上级单位不批准,于是谈判陷入困境。迫于无奈,家具公司表示既然你方的上级单位不批准,我方就自己建木材厂。

木材公司见状急忙改变态度,请求上级单位给家具公司优惠的价格,上级单位立即批准。但家具公司却不接受,坚持建厂。最后木材公司再次降价,双方才达成协议。

面对谈判僵局,有时一方若能主动提出放弃进一步谈判,断其后路,对方很可能出现妥协和让步,放弃原来的过分要求而达成协议。

⑦引诱技巧

A.引诱对方暴露真实情况

谈判开始,对自己一方的情况应隐而不露,不轻易亮出底牌。一定要设法让对方先开口讲话,引诱对方暴露其真实情况。一是出于礼貌,显示自己对对方的尊重;二是可以从对方的只言片语中窥视其心理活动,以赢得调整思维、部署新方案的机会。有时,精明的对方也不肯首先表态,可以提出一些假设性的问题。例如:

· 你是否对我方的产品有什么不满意的地方?
· 如果我方同意贵方的前三个条件,限期是否可以放宽一些?
· 如果800元的价格我方接受,你是否能够当场拍板成交?
· 如果成本没提高,产品价格也不会提高吧?

这种引诱策略语言的目的,就是将对方的要求、成交的打算等方面的情况弄清楚,掌握得越多、越详细就越好。

B.引诱对方同意观点和建议

这种引诱,侧重在用利益诱导。在谈判过程中之所以提出一个建议,就是认为这个建议的实施对自己有利。而对方也是基于同样的原因来反对我方的建议,因为他们认为这个建议对他们不利。无论是卖方或是买方,无论是什么类型的谈判,都可以用利益诱导对方同意自己的观点和建议。

【案例】

某餐厅为了促进销售,经常变换早餐品种。餐厅新做了一种特制卤蛋,早餐时服务员向客人介绍这种卤蛋后便问:"您要不要卤蛋?"但多数顾客都回答不要。

经理深思后发现,服务员的推销话术有问题,"要不要卤蛋"的意思是让顾客在要或不要上做回答,而顾客过去一直都没要,按照习惯便自然地拒绝了。于是经理要求服务员改变推销用语。把"要不要"改成:"您要一个卤蛋还是两个卤蛋?"这样一来,由于卤蛋的味道和口感都不错,价格也合理,许多客人认为买来尝尝也好,自然多数便不好拒绝,而是都回答"一个或两个"。

⑧口头语技巧

在谈判中,巧妙运用一些常见的口头语,会起到特殊的谈判效果。

A.顺便说说

一个说"顺便说说"的人,暗示是这句话不重要,但实际上,他真正要说的是:讨论中的论点对他们是很重要的,请注意听。

B.坦白地说

使用此措辞的人真正要表达的是:你要特别留心我即将要说的话,因为我认为这句话很重要。

C.在我忘记之前……

此措辞类似于"顺便说说",表面看来并不重要,不过隐藏着对手很重要的论点。如果仔细想想会觉得此措辞荒谬可笑,不过它被使用的频率颇高,谈判者应视它为信号,表示就要提及对谈判来讲比较重要的事。

D.不过……

在日常用语中,与"不过"同义的还有"但是""然而",等等。以这些转折词作为提出质问时的"前导",会使对方较容易作答,同时又不致引起其反感,是在谈判中经常被使用的一种讲话技巧。例如,你现在的谈判对手,在前段时间曾和你谈过一个有关房屋买卖的问题,当时对方觉得他所提出的价格非常合理,但事后却越想越感觉价格太低,自己吃了个大亏。在这种情况下,这位谈判对手再度与你谈判另一件有关土地买卖的问题时,必然不会心平气和。不论你开出的价格如何,对方都不肯轻易地同意,他已打定了主意要以更高的价格把房子卖出,以"强"补上前一次的损失。此时,化干戈为玉帛的最好方式就是一开始便诚恳、开门见山地向对方解释,以消除其蓄积的不满与怨气,让一切能重新开始。可以这么说:"上一次房屋买卖的事已经过去了,现在想来,确实有些抱歉,不过……"

E.如果……那么……

这种策略能使谈判不拘泥于固定形式,用在谈判开始时的一般性探底阶段,效果是相当明显的。例如,在谈判中,提出如下问题:"如果我们自己检验产品质量,那么,你们在技术上会有什么新的要求吗?"在试探和提议阶段,这种提问方法不失为一种积极的方式,它有助于双方为了共同的利益而选择最佳的成交途径。

F.太极推手

例如,谈判时可以说:"价格问题,要由我的上司拍板,我们另外找个时间商议吧。"或者说:"我今天身体有点不舒服,我们是否改日再谈?"这样既保全了面子,又维护了自身利益,可谓一举两得。

⑨沉默技巧

谈判中,恰到好处的沉默是一种艺术,所谓"此时无声胜有声"。谈判中默语所表达的内容是丰富多彩的,它既可以是无言的赞许,也可以是无声的抗议;既可以是欣然默认,也可以是保留己见;既可以是威严的震慑,也可以是心虚的流露;既可以是毫无主见、附和众议的表示,也可以是决心已定、不达目的决不罢休的标志,谈判者应根据谈判进展和现场气氛,分析对手沉默的真实含义,从而作出对策。当然,在一定的语境中,默语的语义是明确的。要注意的是,提出问题沉默后,不要继续提出其他问题或发表评论,以防止对手抓住话柄。

【案例】

爱迪生发明了自动发报机之后,想卖掉这项发明,用卖掉发明的钱建造一个实验室。他与夫人米娜商量,米娜也不知道这项技术究竟能值多少钱,一咬牙发狠地说:"要两万美元吧,你想想看,一个实验室建造下来,至少要两万美元。"米娜见爱迪生一副犹豫不决的样子说:"我看能行,要不然,你卖时先试试商人的口气,让他先开价,然后你再说价。"

当时,爱迪生已经是小有名气的发明家了,一位商人听说这件事情后愿意买这项发明,询问价钱,而爱迪生一直认为要两万美元太高了,不好意思开口,只好沉默不语。商人几次追问,爱迪生始终不好意思说出口。最后,商人终于忍不住了:"那我先开个价吧,10万美元,怎么样?"这个价格非常出乎爱迪生的意料,他不假思索地当场就和商人拍板成交。后来,爱迪生对米娜开玩笑说没想到晚说了一会儿就赚了8万美元。

⑩归纳技巧

【案例】

甲公司与乙公司进行技术性的谈判,甲公司人员利用谈判休息时间,对乙公司技术人员表示赞赏:"您技术熟悉、表述清楚,水平不一般,我们就欢迎这样的专家。"该技术人员很高兴,表示他在公司的地位很重要,知道的事也多。甲公司人员顺势问道:"贵方主谈人是你的朋友吗?""那还用问,我们常在一起喝酒,这次与他一起来,就是为了帮助他。"甲公司人员又挑逗了一句:"为什么非要你来帮助他,没你就不行吗?"乙公司技术人员迟疑了一下:"那倒不是,但这次希望他能成功,这样他回去就可晋升部长职务了。"甲公司人员随口跟上:"这么讲我也得帮助他了,否则,我将不够朋友。"

通过这番谈话,甲公司人员断定对方主谈为了晋升,一定会全力以赴促使谈判取得良好结果。于是,在谈判中巧妙地加大压力,谨慎地向前推进,成功地实现了目标,也给了对方某种满足。

从案例中可以看出,甲公司人员使用了归纳技巧搜集到了谈判信息,乙公司在信息管理的保密措施上做得不好,没有在情感控制这方面把握住,导致主谈人的个人利益外泄。甲公司人员利用人喜欢被赞美的心态进行接触,在取得乙方技术人员的好感后,询问对方在此次谈判中的地位,以及此谈判对公司主谈人的重要性,此类信息是属于对方主谈人的利益点。

⑪拒绝技巧

【案例】

销售人员:"您觉得还有哪些问题……"

客户:"我觉得产品的价格还太高,如果能将价格调低一些,我会认真考虑的……"

销售人员:"这样吧,每件产品我再降50元,这是最低价,不能再降了……"客户:"这个价格也不低,能再降一些吗?"

销售人员:"我算一下……只能最多再降10元,再多就真的不能……"客户:"你们在付款方式上有什么要求?"

销售人员:"先预付一半,另一半货到即付……"

客户:"这一点,我恐怕做不到,因为我现在没有那么多现金。货到3个月后一起支付,可以吗?"

销售人员:"真抱歉,我们公司没有这样的先例,而且我也没有这个权限……"

这就是拒绝技巧的奇妙用处,在谈判中知道何时拒绝、如何拒绝,才会收到好的效果。有些销售人员担心自己的拒绝会给自己带来不利的影响,因而即使不同意对方的意见,也从不表现出来。他们担心的其实不是拒绝本身所带来的影响,而是拒绝的方法不当带来的后果。

⑫结束技巧

A.相关的资料无法查及

直接告知对方无法获得对方索要的资料,或委婉地告知对方这些资料正在搜集整理中,暂时无法提供。这样,对方也就没有再坚持下去的必要了。

B.适时离开

在双方签订合同之后,谈判者应该用巧妙的方法祝贺他们做了一笔好生意。例如,指导对方怎样保养产品,重复交易条件的细节和其他一些注意事项,防止对方对订货感到后悔。但在这个阶段以后,就不要再逗留了,以免前功尽弃,不得不从头开始谈判。

C.提供对谈判无大影响的资料

当对方索要相关资料的时候宜采取间接拒绝的方式,给对方提供一些笼统的、表面的东西,此时对方会感受到我方不想继续谈判了。

D.对交易条件的最后检索

进行最后的回顾或检索,应当以协议对谈判者的总体价值为根据,对本单位没有同意而未解决的问题予以重新考虑,以权衡是否作出相应让步。这个时候,也就意味着谈判快要结束了。

E.最终意图的表达

对自己的选择十拿九稳时,就应使用短小精悍的语言给对方的问题以简洁的答复,最终意图会立刻显示出来,最后的期限也就确定下来了,对方就会知道我方不会再作进一步的让步,谈判也就可以结束了。

(3)原则技巧

原则技巧指通过有效并友好的方式,取得最明智的结果。有四个基本要素:

①分开人和事

对方有感情、有自己的价值观、有不同的背景和看问题的角度。因此,在谈判中应经常问自己这样一个问题:"我对人际关系问题是否足够重视?"谈判双方的谈判目标是实质利益,谈判过程中双方的关系如何是关系利益,每个谈判者都想达成满足自己的实质利益的协议是谈判原因。

维护双方的关系利益有时会更重要。例如,在和许多长期客户、商业伙伴、政府官员以及不同的国家进行谈判时,维持关系的意义可能会远高于谈判的结果。通过努力是可以在谈判过程中既实现实质利益,又取得关系利益的,这是原则谈判的核心价值所在。分开人和事正是基于这一原则,不改变立场,就事论事,而且要持之以恒地去做。

②着眼于利益

利益是可以通过多种方式得到满足的,人们往往只采取最显而易见的立场,然而调和谈判双方的是利益而不是立场。例如,可以告诉对方应该怎样做才能满足我方的利益诉求,同时也要理解对方的利益诉求,并将其作为需解决的整个问题的一部分。不与对方争辩已经发生的事情,而是谈论对未来的愿景。在考虑了我方的利益之后,就可以准备一个或几个符合正当利益要求的具体方案,谈判时也要乐于接受对方的意见。由于双方都力主自己的利益,故在谈判时应主动出击,捍卫我方的利益,这样往往会激发创造性,找出对双方都有利的方案。

③准备共同利益方案

很多时候,人们害怕新的方案出现,觉得会打乱原来的思路,而且认为对方怎么想自己不在乎。结果,我方没有准备新的方案,在一定程度上就会阻碍谈判过程顺利地推进。

首先,把备案和决定分开。在提出新方案的时候先把所有的方案都提出来,再集中讨论哪个更好;其次,扩大选择的范围就有了不同的方案,更易达成一些对双方都有益的共识;再次,寻求共同利益;最后,找到让对方容易决策的方法。应尽己所能让对方更方便地作出决策。

④使用客观标准

一般情况下,能作为协议基础的客观标准不止一条,客观标准既要做到不受任何一方意愿的干扰,又要做到合乎情理和切实可行。例如,也许谈判双方的利益是冲突的,但我方可以先提一个标准,让对方也提出建议。当双方就一个问题争执的时候,可先停下来问对方的标准是什么。

情境二　书面语言沟通

出色的写作能力是公司录用取舍的决定因素。

——花旗集团副总裁 Paul Goodman

书面语言沟通在人际沟通中占有十分重要的地位，书面语言是用来标记有声语言的一种文字符号，是将有声语言从"可听性"向"可视性"的延伸和扩展。在间接交往中，一般多采用书面语言进行沟通。书面语言不仅能使个人获得他人的知识经验，而且扩大了人们的沟通范围，还能帮助人们更全面地认识世界。

一、书面语言沟通的特点

(一)优点

书面语言沟通从本质上讲是间接的，具有许多优点：

1. 可以是正式的或非正式的，可长可短。
2. 不受时间和空间的条件限制。
3. 写作人能够从容地表达自己的意思，词语可以经过仔细推敲。
4. 传达的信息准确性高，是可信的证据。
5. 文本可以复制，同时发送给许多人，传达相同的信息。

(二)障碍

间接性也给书面沟通造成了一些特殊障碍：

1. 发文者的语气、强调重点、表达特色，以及发文的目的经常被忽略而使理解有误。
2. 信息及含义会随着信息内容所描述的情况，以及发文和收文时的部门而有所变更。

(1) 个人观点

收文者很容易忽略与他自己的看法有冲突的信息。

(2) 发文者的地位

发文者是上司、部属或同一阶层的同事，会影响信息的意义。

(3) 外界的影响

收文者能否专心阅读收到的信息？收文者的心情如何？写信息的时候心情如何？信息送达的时间是早晨还是午餐的时候？等等。

3. 若发文者选择的格式或时机不当，则收文者很可能因为一开始采用的格式不当而不太注意信息内容。

二、书面语言沟通的7C准则

这是语言沟通的基本准则。

(一)完整(Complete)

1. Why——为什么做这件事？（目的）

2.What——怎么回事？（对象）

3.Where——在什么地方执行？（地点）

4.When——什么时间执行？什么时间完成？（时间）

5.Who——由谁执行？（人员）

6.How——怎样执行？采取哪些有效措施？（方法）

（二）准确（Correctness）

文稿中的信息表达准确无误。从标点、语法、词序到句子结构均无错误。

（三）清晰（Clearness）

所有的语句都应能够非常清晰地表现真实的意图，读者可以不用猜测就领会作者的意图，避免双重意义的表示或者模棱两可。

（四）简洁（Concion）

即用最少的语言表达想法，通过去掉不必要的词，把重要的内容呈现给读者，节省读者时间。

（五）具体（Concreteness）

内容当然要具体而且明确，尤其是要求对方答复或者对之后的交往产生影响的函电。

（六）礼貌（Courtesy）

文字表达的语气上应该表现出一个人的职业修养，客气而且得体。最重要的礼貌是及时回复对方，最感人的礼貌是从不怀疑甚至计较对方的坦诚。

（七）体谅（Consideration）

为对方着想，这是拟定职业文书一直强调的原则——站在对方的立场。

三、应用文书写作

应用文书是国家机关、企事业单位、社会团体以及群众在办理公私事务、传播信息、表述意愿时所撰写的具有特定内容和格式的实用文书的总称。

应用文书是人类在长期的社会实践活动中形成的一种文体，是人们传递信息、处理事务、交流感情的工具，有的应用文书还用来作为凭证和依据。随着社会的发展，人们在工作和生活中的交往越来越频繁，事情也越来越复杂，因此，应用文书的功能也就越来越多了。

（一）应用文书的种类

1.一般性应用文书

一般性应用文书指法定公文以外的应用文书。又可以分为简单应用文和复杂应用文两大类。简单应用文结构简单、内容单一，如条据（请假条、收条、领条、欠条）、请帖、聘书、文凭、海报、启事、证明、电报、便函、书信，等等；复杂应用文篇幅较长，结构繁杂、内容较多,如总结、条例、合同、提纲、读书笔记、会议纪要,等等。

2.公务文书

公务文书又称为公文,它是指国家法定的行政公务文书。中共中央办公厅、国务院办公厅2012年2月联合下发《党政机关公文处理工作条例》并于7月1日施行。《条例》规定公文种类主要有:

(1)决议。适用于会议讨论通过的重大决策事项。

(2)决定。适用于对重要事项作出决策和部署、奖惩有关单位和人员、变更或者撤销下级机关不适当的决定事项。

(3)命令(令)。适用于公布行政法规和规章、宣布施行重大强制性措施、批准授予和晋升衔级、嘉奖有关单位和人员。

(4)公报。适用于公布重要决定或者重大事项。

(5)公告。适用于向国内外宣布重要事项或者法定事项。

(6)通告。适用于在一定范围内公布应当遵守或者周知的事项。

(7)意见。适用于对重要问题提出见解和处理办法。

(8)通知。适用于发布、传达要求下级机关执行和有关单位周知或者执行的事项,批转、转发公文。

(9)通报。适用于表彰先进、批评错误、传达重要精神和告知重要情况。

(10)报告。适用于向上级机关汇报工作、反映情况,回复上级机关的询问。

(11)请示。适用于向上级机关请求指示、批准。

(12)批复。适用于答复下级机关请示事项。

(13)议案。适用于各级人民政府按照法律程序向同级人民代表大会或者人民代表大会常务委员会提请审议事项。

(14)函。适用于不相隶属机关之间商洽工作、询问和答复问题、请求批准和答复审批事项。

(15)纪要。适用于记载会议主要情况和议定事项。

(二)应用文书的写作特点

1.直接的功用性

应用文书主要是适应现实工作的需要,解决工作中的实际问题,具有更强烈、更鲜明、更直接的功用性。如写一份请示,是为了向上级请求批准办理某一事项;写一份述职报告,是为了向领导和群众汇报自己履行职责的情况;写一份财务报告,是为了向上级报告财务状况;写一篇求职信,是为了谋求一份理想的工作。

2.内容的真实性

应用文书要求表述准确,不产生歧义,简明精练,具有平实的特点。如会议纪要的写作不能移花接木,把张三的讲话移到李四的身上;写调查报告绝不能主观臆造;写简报更要注意时间、地点、人物、事件的真实与准确。

3.思维的逻辑性

思维的逻辑性体现在文章的结构上,要条理清楚,段落之间具有明显的逻辑关系;陈述的事项界限清晰,不交叉;内容前后讲究因果,材料能够证明观点。例如:写请示,要讲清请求事项和请求批准的原因;写总结,应在陈述具体成绩和存在问题的基础上,分析、阐明成绩取得和问题存在的原因;财经论文的结论,来自对材料的分析和对问题的推断。

4.格式的稳定性

应用文书都有惯用格式,其中,国家机关行政公文具有规范格式。应用文书的格式具有使用的稳定性,所以要求写作时应根据具体类型,遵守各自的惯用格式或规范格式。

(三)常用应用文书写作

1.事务文书

(1)总结

总结,是对过去一定时期的工作、学习或思想情况进行回顾、分析,并作出客观评价的书面材料。

①标题

总结的标题大体上有两类构成形式:一类是公文式标题;一类是非公文式标题。公文式标题由单位名称、时间、事由、文种组成,如《××学校2022年度工作总结》;非公文式标题则比较灵活,有的为双行标题,如《增强体质,全面贯彻执行教育方针——开展多种形式的体育活动》,有的为单行标题,如《推动人才交流,培植人才资源》,等等。

②正文

A.开篇

开篇也称导语、引言,要用来概述基本情况。包括单位名称、工作性质、主要任务、时代背景、指导思想,以及总结目的、主要内容提示等。开头部分,应以简明扼要的文字写明在本总结所包括的期限内的工作根据、指导思想以及对工作成绩的评价等内容。它是工作总结的引言,便于把下面的内容引出来,只要很短的一段文字即可。

B.主体

这是总结的主要部分,内容包括成绩和做法、经验和教训、今后的计划等方面。这部分篇幅大、内容多,要特别注意层次分明、条理清楚。常见的结构形态有三种,要根据实际需要选择好。

a.纵式结构

纵式结构就是按照事物或实践活动的过程安排内容。写作时,把总结所包括的时间划分为几个阶段,按时间顺序分别叙述每个阶段的成绩、做法、经验和体会。这种写法主要以工作回顾连带谈及经验教训。基本上是按工作展开的程序和步骤,分段说明每个步骤和阶段的工作情况,夹叙夹议地引出相应的经验教训。这样写主要着眼于对工作过程的回顾,使事物发展或社会活动的全过程清楚明白。

b.横式结构

按事实性质和规律的不同分门别类地依次展开内容,使各层之间呈现相互并列的态势,这种写法的优点是各层次的内容鲜明集中。

c.纵横式结构

安排内容时,既考虑到时间的先后顺序,体现事物的发展过程,又注意内容的逻辑联系,从几个方面总结出经验教训。这种写法,多数是先采用纵式结构,写事物发展的各个阶段的情况或问题,然后用横式结构总结经验或教训。具体写法是总结经验教训为主,用工作回顾阐明经验教训。一般是先归纳和提炼出几条经验或教训,分别展开论述,把工作过程、工作办法及取得的成效等穿插在里面写,使经验和教训看起来更加充实。

C.结尾

结尾是正文的收束,应在总结经验教训的基础上,提出今后的方向、任务和措施,表明决心、展望前景。有些总结在主体部分已将这些内容表达过了,就不必再写结尾,写得过长反而冲淡了主题。

③署名和日期

总结正文写完以后,应该在正文的右下方,写上总结单位的名称和总结的年月日。

(2)会议记录

在会议过程中,由记录人员把会议的组织情况和具体内容记录下来,就形成了会议记录。

①会议的组织情况

会议名称、时间、地点、出席人、缺席人、列席人、主持人、记录人等。

②会议的主要内容

主持人的发言、与会者的发言、会上作了什么报告、传达了什么事情、讨论了什么问题、作出了什么决议等。

A.详记

详细具体地记录,尽量记录原话,主要用于比较重要的会议和重要的发言。要求记录的项目必须完备,记录的言论必须详细完整。若需要留下包括上述内容的会议记录则要靠"录",有笔录、音录和影像录几种,通常只是手段,最终还要将录下的内容还原成文字。笔录也常常要借助音录、影像录,以之作为记录内容最大限度地再现会议情境的保证。

B.略记

略记即摘要性记录,只记录会议要点和中心内容,多用于一般性会议。

会议结束,记录完毕,要另起一行写"散会"二字,如中途休会,要写明"休会"字样。

③应该突出的重点

A.会议中心议题以及围绕中心议题展开的有关活动。

B.会议讨论、争论的焦点及其各方的主要见解。

C.权威人士或代表人物的言论。

D.会议开始时的定调性言论和结束前的总结性言论。

E.会议已议决的或议而未决的事项。

F.对会议产生较大影响的其他言论或活动。

【范文】

会议记录

NO：

会议名称	
时　　间	
主 持 人	
参 加 者	
缺席人员及原因	

会议内容

2.礼仪文书
(1)请柬

请柬又称为请帖、简帖,是为了邀请客人参加某项活动而发的礼仪性书信。有结婚请柬、个性请柬、单位请柬、邀请函,等等。

①单位请柬

单位请柬,是为了邀请客人参加某项活动而发的礼仪性书信。如会议请柬、仪式请柬、参展请柬、宴会请柬,等等。多用于隆重的庆典仪式场合,邀请对象一般只需出席、捧场即可,不承担具体的工作任务。

A.标题:请柬,请帖,恭请。

B.称谓:收帖人姓名加称呼,顶格,后用冒号。

C.正文:写明何事,何时,何地,举行何内容活动。

D.结束语:"致以——敬礼""顺致——崇高的敬意""敬请光临""恭请莅临",等等。

E.落款:邀请方单位或邀请主人的姓名,成文时间。

F.附言:是否出席,请赐复,电话:……

恭候时间:……

入席时间:……

着装要求:……

请携柬出席。

若有其他要求也需注明,如"请准备发言""请准备节目",等等。

G.附件:如果是请人看戏或其他表演还应将入场券附上。

H.语言要求:非常典雅,常有惯用表达法。

【范文】

尊敬的××先生：

敝公司定于20××年××月××日至××日8:00～17:00在××会展中心××大厅举办××贸易洽谈会。

恭候光临。

×× 公司

二〇××年××月××日

②邀请函

邀请函的形式要美观大方，不可用书信纸或单位的信函纸草草了事，而应用红纸或特制的请柬填写。

A.标题：一般只写文种"邀请函"即可，字号要略大一些。有时也可以加"事由"，如"关于参加研讨会的邀请函"。有时还可包括个性化的活动主题标语，如"沟通无限中部六省城市信息化高级论坛邀请函"。

B.称谓：是对邀请对象的称呼。要顶格写受邀单位名称或个人姓名，后加冒号。要写明对方姓名、职务、职称、学衔。也可以用"先生""女士"称呼。通常还要加上"尊敬的"之类定语。

C.正文：开头可向被邀请人简单问候，位置在称谓下一行，空两格。接着写明举办礼仪活动的缘由、目的、事项及要求，写明礼仪活动的日程安排、时间、地点、邀请对象以及其所做的工作等，并向被邀请方发出得体、诚挚的邀请。若附有票、券等物也应同邀请函一并送给邀请对象。有较为详细出席说明的，通常要另纸说明，避免邀请函写得过长。

D.敬语：末尾一般要写常用的邀请惯用语。如"敬请光临""请届时出席"之类的敬语。有些邀请函可以用"此致敬礼""顺致节日问候"等敬语。

E.落款：署上邀请单位名称或发函者个人名称，署上发函日期。邀请单位还应加盖公章，以示庄重。

【范文】

××公司年终客户答谢会邀请函

尊敬的××先生/女士：

过往的一年，我们用心搭建平台。您是我们关注和支持的财富主角。

新年即将来临，我们倾情实现公司客户大家庭的快乐相聚。为了感谢您一年来对××公司的大力支持，我们特于20××年××月××日××时在×××大酒店一楼××厅举办××××年度××公司客户答谢会，届时将有精彩的节目和丰厚的奖品等待着您，期待您的光临！

让我们同叙友谊，共话未来，迎接来年更多的财富，更多的快乐！

××公司

二〇××年××月××日

礼仪活动邀请函的回执常采用表格的形式，将需要被邀请方填写的事项逐项列出。一般包括参会单位名称，参会人员的姓名、性别、职务、民族习惯，参会要求（如参与某项专题活动）；被邀请方的联系人、联系电话、电子邮件地址等。活动组织部门的名称、联系人、联系电话及电子邮件地址及单位网址等。回执要随邀请函同时发出，并要求按时回复。

（2）书信

书信是特定沟通者之间以纸质载体传递文字信息的、不公开的、私密性的书面沟通方式，文体相对比较随意。"信"在古文中有音讯、消息之义；另外，"信"也有托人所传之言可信的意思。

①书信的"SCRAP法则"

A.事件的情形（Situation）

告诉读信者书信的主要内容是什么，如"上周交稿的时间晚了。"

B.产生的后果（Consequences）

阐明这一事件带来的后果，如"这种事件已经发生过很多次了，它多次导致我们未能按时完成工作。"

C.解决的方式（Resolution）

建议一个可行的办法，如"我们了解到是因为……，那么如果……，是不是可以避免再次发生这样的事情？"

D.具体的办法（Action）

指出自己会采取什么办法、期望对方做什么样的行为（改进），如"你们可以确保送货车早些出发，以便……"

E.措辞的礼貌（Politeness）

不管是否反感，措辞上一定要表现得彬彬有礼，不用冒犯的文字，并尽可能以祝福性的话语来结束，否则就不会有积极回应。如"请尽力……，好吗？""祝……""谨上"等。

②书信的构成

A.笺文

笺文即写在信笺上的文字，是书信内容的主体，书信的繁简、俗雅及至其他方面的风格特征，几乎都由内容主体决定。书信历史悠久，其格式也几经变化。按当今通行的习惯，笺文主要包括五个部分：称呼、正文、结尾、署名和日期。

a.称呼

也称"起首语"，是对收信人的称呼。称呼要在信纸第一行顶格写起，后加"："，冒号后不再写字。称呼和署名要对应，明确自己和收信人的关系。称呼可用姓名、称谓，还可加修饰语或直接用修饰语作称呼。

b.正文

正文通常以问候语开头,问候是一种文明礼貌行为,也是对收信人的一种礼节,体现写信人对收信人的关心。问候语最常见的是"您好!""近好!"依时令节气不同,也常有所变化,如"新年好!""春节愉快!"问候语写在称呼下一行,前面空两格,常自成一段。问候语之后,常有几句启始语,如"久未见面,别来无恙。""近来一切可好?""久未通信,甚念!"之类。问候语要注意简洁、得体。

接下来便是正文的主要部分——主体文,即写信人要说的话。它可以是禀启、复答、劝谕、抒怀、辞谢、致贺、请托、慰唁,也可以是叙情说理、辩驳论证等。这一部分,动笔之前,就应该成竹在胸,明白写信的主旨,做到有条有理、层次分明。若是信中同时要谈几件事,更要注意主次,有头有尾,详略得当,最好是一件事一段落,不要混为一谈。

c.结尾

正文写完后,要写上表示敬意、祝愿或勉励的话,作为书信的结尾。习惯上,它被称作祝颂语或致敬语,这是对收信人的一种礼貌。

祝词即写信者在笺文结尾向收信者所表达的祝愿、钦敬、勉慰之语。祝词一般包括两部分内容。一是应酬语,即笺文结尾特以一两句话结束正文的语句。应酬语应当简洁而自然。有时亦可同时再用一些敬语,以示谦恭,如"草此""肃此""敬此"等;二是问候祝福语,即出于礼貌而对收信人所做的不可缺少的祝颂或问候。如"敬颂春安""即颂大安""祝您成功",等等。

祝词的书写格式要求比较严格。如果祝词较多,可单独成行,空两格后书写。也可将祝词分成两部分书写,其法有二:一是将"敬颂""敬请"一类词单独成行,前空四格,而将"春祺""大安"一类词另行顶格书写;二是将"敬请""敬颂"一类词置于正文末句之后,不另行书写,而将"大安""春祺"一类词另起一行顶格书写。

d.署名

在书信最后一行,署上写信人的姓名。署名应写在正文结尾后的右方空半行的地方。如果是写给亲属、朋友,可加上自己的称呼,如儿、兄、侄等,后边写名字,不必写姓。如果是写给组织的信,一定要把姓与名全部写上。而在署名之后,有时还视情况加上"恭呈""谨上"等,以示尊敬。上述自称,都要和信首的称谓相互吻合。

e.日期

用以注明写完信的时间,写在署名之后或下一行。有时写信人还加上自己所在的地点,尤其是在旅途中写的信更应如此。此外,如果信已经写完,又发现内容有遗漏,或某件事叙述不够全面时,在信的后面还可以补写。但是在补写的话前面要加上"另外""再";或在后面加上"又及"等字样。

B.封文

所谓封文,即写在信封上的文字。我国目前通用的信封有两种款式:一种是竖式(又称"中式"),另一种是横式(又称"西式")。竖式信封封文内容分为左、中、右三路,右路写收信人地址,中路写收信人姓名,左路写寄信人的地址、姓名。

a.邮寄书信

● 对收信人的称呼:封文中收信人姓名下的称呼不同于笺文中的称谓,它不是寄信人对收信人的称呼,而是邮递员(送信人)对收信人的称呼。称呼的选用依收信人的社会职位而定,一般来讲,对无职衔的高龄尊长称"老先生""女士",对有职衔者,可称职衔,也可称"先生""女士";对普通长辈及平辈,有职衔者可称职衔,也可称"先生""女士";对晚辈一般不称职衔,而称"先生""女士"。

● 启封辞:是请收信人拆封的礼貌语词,它表示寄信人对收信人的感情和态度,所以,在郑重严肃的书信中应该精心选择运用。一般说来,对高龄尊长用"安启""福启";对普通长辈用"钧启""赐启""道启"等;对平辈,则可依照收信人职业、性别等不同,在"启"字之前加适当的修饰词,如对军人用"勋启",对教师用"文启",对女士用"芳启"等;对晚辈一般用"启"或"收启"就可以了;对居丧者则须用"礼启"。启封辞在比较简单、随便的书信中可省略,也可以简化为"启"。

● 缄封辞:表现寄信人封信时的感情和态度,给长辈写信宜用"谨缄";对平辈用"缄"即可;对晚辈一般用"手缄"。在一般不需要感情色彩的书信中,只用一个"缄"字即可。

对不封口的书信(如明信片、信笺、贺年片、柬帖以及托人带交的便信便条等),封文中不写"启""缄",因为不存在拆封和封闭的问题。

b.托人带交的书信

● 附件语:如除托人带交的书信之外,还附带有其他物品,须附以简明的语言说明随信托带物品的名称及数量。

● 托带语:是寄信人对带信人表示拜托之意的语言。托带语中反映的人际关系有三层:一层是寄信人与带信人的关系,另一层是收信人与带信人的关系,再一层是寄信人与收信人的关系。托带语的写作应依上述三者的关系不同而选用不同的词语。

托带语一般分为两段:前段是寄信人向带信人表示拜托之意如"敬请""敬烦",这两个词语中都有"敬"字,反映了带信人是寄信人的长辈,或者是需客气的平辈,对晚辈就不能用"敬"字了;后段是寄信人嘱托带信人对收信人要做的举动,它反映了带信人与收信人的关系。收信人是带信人的长辈时用"呈",平辈则用"交";如果带信人是收信人的长辈,则用"饬送""掷交"。至于"呈"和"交"的前面用何种修饰,根据需要而定,如"面呈""面交""掷交"等。

收信人姓名的写作,与邮寄书信的封文有些不同,称呼不同于邮寄书信。如果带信人是熟人,收信人的姓名不必写姓,甚至姓名都不写,直写称呼,如"家父大人""家兄收""舍妹收""小女收"等。当然,如果带信人不是熟人,就应在写托带语的同时,将收信人的地址、姓名写详细。

托人带交的书信封文中收信人姓名下的称呼,是寄信人对带信人说的,不是直对收信人的称呼。因此,选用称呼时,要特别注意寄信人与带信人的关系。

● 收件辞：与邮寄书信封文中的启封辞书写位置相同，意义相似。如"台收""检收"。因为托人带交的书信一般不封口，对封口的信则应选用启封辞。如果托带信之外有附件，收件辞应写"检收""查收"；如果没有附件，则在"收"字前适当运用礼貌语加以修饰，对长辈用"赐收"，对平辈用"台收"等，对晚辈用"收"即可。

● 寄信人自署与拜托辞：是寄信人对带信人说的，须依二者的具体关系加以选用。一般来说，姓名全署显得比较疏远、比较客气；仅署名字显得比较亲密。拜托辞主要依尊卑长幼关系变化，如果带信人为长辈，用"敬托"为宜；如果是平辈，则宜用"拜托"，如果是晚辈，则用"托"即可。

● 寄信时间：寄信时间一般字体略小于自署与拜托辞的字，写月日即可。

（3）传播文书

①消息

消息是一种以最直接最简练的方式快速而客观地报道新闻事实的一种新闻文体。也是最广泛、最经常采用的新闻基本体裁。写作消息要设想并回答读者提出的问题，这些问题就构成了六要素，即：When（何时）、Where（何地）、Who（何人）、What（何事）、Why（何故）、How（如何）。在五个 W 和一个 H 中，最主要的是 What（何事）、Who（何人），写作时要认真写好这几个方面的内容。

消息的结构比较固定、简单，大多数都是"倒金字塔"式的，即：最重要的材料放在开头，次要材料放在后面。消息的结构具体表现为：标题、导语、主体、结尾，并在文中穿插背景。

A.标题

消息的标题必须简明、准确地概括消息内容，帮助读者理解报道的事实。如：《2021全球智慧教育大会在京召开》(2021 年 8 月 18 日《中国日报》)。消息的标题有主题（正题）、引题（眉题）、副题（次题）三种。

主题，概括与说明主要事实和思想内容；引题，揭示消息的思想意义或交代背景，说明原因，烘托气氛；副题，提示报道的事实结果，或作内容提要。如：《60 条河流超警 50 多万人投入抗洪（引题）南方汛情严峻 各方全力抢险（主题）迎战长江第一号洪水，国家防总启动防汛Ⅲ级应急响应（副题）》(2017 年 7 月 3 日《人民日报》)。

B.导语

导语是指一篇消息的第一自然段或第一句话，是用简明生动的文字，写出消息中最主要、最新鲜的事实，鲜明地提示消息的主题思想。导语的写作要求，一是要抓住事情的核心，二是要能吸引读者看下去。导语写作中的思维过程，通常是以作者的自问自答开始的：

a.什么事情是已经发生的事件中最重要的？

b.什么人参加进去了？谁干的或谁讲的？

c.是用直接性导语，还是用延缓性导语？

d.有没有什么吸引人的词汇或生动形象的短语要写进导语中？

e.主题是什么？什么样的动词能最有效地吸引读者？

以上五个问题中,第三个问题涉及导语的类型。一类是直接性导语,直接写出事实的核心的导语。多是陈述性的,像速记一样地反映事实;另一类是延缓性导语,多用于"软"消息。即所报道的不是正在发展中的、变化中的或突发性的事件。通常用来设置一种现场或创造某种气氛。多是解释性、说明性的。下面具体剖析一篇消息的导语:

《分享泉州申遗成功经验,锚定后申遗时代世遗保护航向》(2021年7月27日《中国文化报》);泉州申遗成功次日(何时),国家文物局联合福建省泉州市委、市政府,在泉州海外交通史博物馆(何地)举行"泉州:宋元中国的世界海洋商贸中心"列入《世界遗产名录》新闻发布会(何事),介绍该处新增世界文化遗产研究、保护、申遗、管理等情况。

泉州成功申遗有哪些"秘诀"?国家文物局文保司司长闫亚林(何人)就其遗产价值、申遗过程、成功经验等进行解读(何事)。

C.主体

主体是消息的主干部分,紧接导语之后,对导语做具体全面的阐述,具体展开事实或进一步突出中心,从而写出导语所概括的内容,表现全篇消息的主题思想。应按时间顺序或逻辑顺序写作,但仍然要先写主要的,再写次要的。

D.背景

消息背景又称为"事实背景",指事件的历史背景、周围环境及与其他方面的联系等。写消息有时要交代背景,目的在于帮助读者深刻理解消息的内容和价值,起到衬托、深化主题的作用,也就是回答五个"W"中的Why(为什么)。包括人物背景、地理背景、历史背景和事物背景。如《点亮世界遗产保护的华夏之光——我国世界遗产保护和生态文明建设成就综述》(2021年7月16日《中国文化报》)有一段介绍的文字:

这是一串亮眼的数字——

自1985年加入《保护世界文化和自然遗产公约》以来,我国已成功申报世界遗产55项。其中,文化遗产37项、自然遗产14项、自然与文化双遗产4项。世界遗产总数、自然遗产和双遗产数量均居世界第一。

E.结尾

新闻的结尾有小结式、启发式、号召式、分析式、展望式……。这些结尾的写作与一般记叙文结尾的写作比较接近。在消息写作中,标题、导语、主体是必须有的,背景和结尾在某些消息中可以没有。

②海报

海报是主办单位向公众报道举行文化、娱乐及体育等活动的一种事务文书。从内容分,有演出海报、讲演海报、比赛海报及展览海报等;从形式分,有文字海报和美术海报两种。海报的语言要求简明扼要,形式要新颖美观。

A.标题

海报的标题写法较多,大体可以有以下一些形式:单独由文种名构成,即在第一行中间写上"海报"字样；直接由活动的内容承担题目，如"影讯""球讯"等；可以是描述性的文字，如"×××再显风采"。

B.正文

海报的正文要求写清楚以下一些内容：活动的目的和意义；活动的主要项目、时间、地点等；参加的具体方法及一些必要的注意事项等。

C.落款

要求署上主办单位的名称及海报的发文日期。

以上的格式是就海报的整体而讲的，实际的使用中，有些内容可以少写或省略。

【范文】

学术报告会

为纪念我校建校70周年，特邀校友××博士来校作学术报告。

题目：知识经济时代的学习和工作

时间：×月×日×点

地点：校礼堂

欢迎全校师生踊跃参加！

校学生会

××年×月×日

③公关广告

公关广告，就是一种设法增进公众对组织的全面了解，提高组织的知名度和美誉度，从而赢得公众信任与合作的广告。运用公关广告，可以起到塑造组织形象、强化品牌形象、宣传组织宗旨、引导公众观念等作用。

A.观念广告

观念广告是通过提倡或灌输某种观念和意见，试图引导或转变公众的看法，影响公众的态度和行为的一种广告。可以是宣传组织的宗旨、信念、文化或者是某项政策，也可以是传播社会潮流的某个倾向或热点。如美国西屋电气公司曾在《时代周刊》上刊登岁末广告，把本年度有关公司的各种新闻和报道汇集在一起，并冠以总标题《一年来本公司的一切好消息》。

B.信誉广告

信誉广告是指将组织已经取得的成绩和声望通过广告形式告知公众，以展示其良好的组织形象的广告，信誉广告是不直接介绍产品而只宣传组织信誉的广告。权威机构的认定、公众的认可和客观评价，对公众来说有着较高的可信度，也可以是社会组织直接向消费者征求意见的方式。

C.致谢广告

致谢广告是节日、纪念日之际,或社会组织举办某种活动圆满结束时,向消费者公众或社会各界公众表示衷心的感谢。社会组织的表达谢意之举,更增进了其与公众的情感交流,维系了与公众的关系,烘托了友谊的氛围。如日本亚细亚航空公司15年庆典之际,做了标题为《每一次相遇,我们都心存感激,未来,就从此刻延续》的公关广告:

由于您的关爱,使我们拥有今日成果,对于您的知遇,我们由衷感激。而今15年的相处,我们更加了解您的需求,当您走入亚航的新天地,您将感受到由内而外的焕然一新,更典雅的风貌,更体贴的关怀,让您拥有最舒适的航程。新的亚航天地,更加精致温馨,诚恳期待您。

D.祝贺广告

在节日、纪念日之际,社会组织向公众贺喜,或在关系单位开业庆典时表示祝贺,可以增加一份亲情;向公众表示与公众携手合作、献上爱心的心意。

E.致歉广告

社会组织就自身工作不足之处或自身过错向公众致歉,表示诚意,或以致歉的方式表达已获得的进展和进一步发展,以退为进,出奇制胜。

F.解释广告

在社会组织形象被歪曲、造成公众误解时,及时向公众解释事实真相,阐明态度,宣传其政策、方针,澄清混淆视听的传言,以矫正被损害的形象,维护声誉。

G.倡议广告

以社会组织名义率先发起一项对社会有重要意义和影响的活动,或倡议一种新观念,显示其社会责任感、伦理道德观、创新精神等,显示其良好的社会风范,显示其率先开拓、领导潮流、敢为天下先的胆识,为公众所瞩目和称道。如2002年为"科学消费"年,由包括周光召(中国科学院院士)、王大珩(中国科学院、工程院院士)等在内的75位中国科学院院士、中国工程院院士和153位科技专家签名并发出倡议,倡导科学消费。

情境三 电子媒介语言沟通

一、电话沟通

现代社会,各种高科技的手段拉近了人与人之间的距离,即使远隔天涯也可以通过现代通信技术近若比邻。在日常的沟通活动中,使用最多的工具就是电话,电话使人们的联系更为方便快捷。只有把语言表达灵活运用,并能选择适当时机和通话环境,才会给对方留下好印象,为双方的沟通提供广阔的空间。

打电话时面部的表情和身体的语言双方是看不到的,双方的身份、关系和目的只有通过说话的内容和语调语气来判断。

(一)接听电话

1.迅速接听。在电话铃声响起三声之内接听。

2.通话开始要问候。先说"您好",然后自报家门。如果是在单位接电话,要报出单位或部门的名称:"您好,××单位。"

3.如果目前的工作确实非常重要,要向来电者说明原因,表示歉意,并约定一个具体时间,到时候自己再主动打过去。

4.通话过程中,应当根据具体情况适时选择使用"谢谢""谢谢您的信任""请问您还有其他需要吗""对不起"一类礼貌用语。

5.如果对方找的不是自己,应让其稍候,而后热忱、快速地找到接话人;对方要找的人不在或不便接电话时,应向其致歉,并请对方稍后再拨,或请对方留下号码,示意会转告当事人稍后回复。如征得对方同意,可代为转达信息,并做好准确记录;如对方不便留言,切勿刨根问底。

6.在没有授权的情况下,不要随便说出对方所要找的人的行踪、私人手机号码。

7.认真清楚地记录。接电话时最好是左手拿话筒,这样做是为了便于右手记录或查阅资料,电话记录既要简洁又要完备。

在记录时应牢记 5W1H 技巧:When——何时、Who——何人、Where——何地、What——何事、Why——为什么、How——如何进行等内容,并保留相关资料。

8.如果主动结束通话一般应征求对方意见,如:"就谈到这里,好吗?""您看,这样行吗?"还要轻缓地挂上电话。

(二)拨打电话

1.选择恰当的时间拨打电话。有三个时段不宜打电话给别人:工作日早上 7 点以前、节假日 9 点以前,三餐时间,晚上 9 点以后。办公电话宜在上班时间 10 分钟以后和下班时间 10 分钟以前拨打。

2.做好打电话前的准备,如通话内容、相关资料、记录本等。

3.电话接通时必须先问候,确定对方的身份或名称,再自报家门,然后再告知自己找的通话对象以及相关事宜。

4.打电话时要考虑对方处境。

5.通话内容表达要尽量简洁明了,注意控制时间,一次电话的通话时间一般控制在 3 分钟为宜。

6.结束通话时,让上司或长者先挂电话,客气地道别,说一声"谢谢,再见"。

7.拨号后如无人接听,应待电话声响六七声后再挂断。

8.如果要找的通话对象不在要道谢。

9.拨错了电话应诚恳地向对方道歉并确认电话号码,以免再错打过去。

10.打国际长途电话时要考虑时差。

二、网络沟通

与传统的沟通方式相比,网络沟通在形式、介质、环境、时间上都呈现出特有的元素,便利、互动的特征使其不仅成为人们获取信息的主要途径,也成为他们表达自我的场所。然而,现代社会中的沟通并没有随着传播技术的发展而必然地简单起来。眼神、手势等现场的非语言信息的缺失以及虚拟性等特点使网络另一头的沟通对象变得模糊不清、无法信赖。其实,不论通过何种渠道,沟通之乐的本质都是"我与你"情感和意义的交换,能够保证这种交换顺利进行的则是正确的沟通理念和沟通技巧。面对因为快速的生活节奏而没有时间交流的人群,网络时代的我们更需要了解"什么是沟通"以及"怎样沟通",毕竟"生活就要有沟通,有效的沟通就是要去更充分地享受生活"。

当今时代我们依赖于各种各样复杂的电子媒介传递信息,数字电视、计算机、复印机及智能手机等一系列电子设备,将这些设备与语言和纸张结合起来就产生了更有效的电子媒介沟通方式。

(一)电子邮件

电子邮件(Electronic mail,简称 E-mail),标志是@,又称电子信箱、电子邮政,它是一种采用电子手段的沟通方式,是 Internet 应用最广的服务,已经成为一种非常流行并且常用的沟通方式。现在许多人上班的第一件事就是打开电脑,看一看自己的电子邮件。

1.电子邮件的格式

(1)表头

发件人(单位)、收件人(单位)、邮件主题、邮件寄出日期、邮件传输路径,以及使用者的邮件软件名称、版本,以及邮件使用编码方式。

(2)主体

①正文:收件人的称呼、问好、邮件内容、发件人签名、日期。

②附件:可以是文本文件,可以是表格文件,可以是语音文件或影像文件。

2.电子邮件的优势

(1)电子邮件是一种快捷传递信息的方式,没有时间和空间的限制,以非常快速的方式与世界上任何一个角落的网络用户联系。

(2)电子邮件让人们能够同时给多人发送信息,并能发送电子文件、视频、音频、图片或文档等附件。同时,用户可以得到大量免费的新闻、专题邮件,并实现轻松的信息搜索。

(3)电子邮件不必立刻作出回答,并且在作出回复之前可以有时间进行考虑。邮件存在对方的电脑系统里,直到方便的时候打开连入网络的电脑阅读信息,同时又可以用同样的方式给发件人回信。

(4)通过网络的电子邮件系统,用户可以用非常低廉的价格发送信息。

3.电子邮件沟通的原则

(1)慎重选择发件对象

传送电子讯息之前,须确认收件对象是否正确。

(2)注意撰写邮件内容

①切记收件对象是一个"人",而不是一台机器

因为电子讯息的互动是通过计算机网络产生的,使用者经常会不自觉地"忘记"与自己真正互动的是远程的"人"。许多情绪激动的字眼也因此不经意地随手发出而伤害到对方甚至引起冲突。

②电子邮件"主题"要明确且具描述性

电子邮件一定要注明主题(Subject),因为有许多网络使用者是以标题来决定是否继续详读邮件的内容的。此外,邮件主题应尽量写得具有描述性,或是与内容相关的主旨大意,让人一望即知,以便对方快速了解与记忆。

③邮件内容应简明扼要

在线沟通讲求时效,经常上网的人多具有不耐等候的特性,所以电子邮件的内容应力求简明扼要,并求沟通效益。一般邮件所用的起头语、客套语及祝贺词等,在线沟通时都可以省略。尽量掌握"一个讯息、一个主题"的原则。

④理清建议或意见

若要表达对某一事情的看法,可先简要地描述事情缘起,再陈述自己的意见;若是想引发行动,则应针对事情可能的发展提出看法与建议。有时因信息太过简短或标明不够清楚,收件对象可能会不理解发信者陈述的到底是建议还是意见,因而造成误解或不必要的行动。

⑤避免使用太多的标点符号

若真要强调事情,应该在用词遣字上特别强调,而不应使用太多不必要的标点符号。

⑥小心幽默的使用

在缺乏声调的抑扬顿挫、脸部表情与肢体语言的电子邮件中,应特别注意幽默会被误解与扭曲。

⑦慎用措辞

在发件之前问问自己,你会在公众场所公开面对面地对他人讲这些话吗?如果答案是否定的,应重写或重新思考到底要不要发出这封邮件。不能因为没看到对方的脸,就毫不客气地讲一些没有思考的话语。

(3)养成良好传送习惯

①注明发件人及其身份

除非是熟识的人,否则收件人一般无法从账号解读出发件人到底是谁,因此标明发件人的身份是电子邮件沟通的基本礼节。

②遵守一般法律规定

进行网络沟通时,一般日常生活中的行为准则亦须遵守。通过计算机系统,要撷取、复制或篡改他人作品是相当容易的,因此在网际空间中对于智慧财产权的尊重是非常重要的。凡是引用或改编他人文字或图绘作品时,需要对原作者与原作品的出处详加注明,以示尊重。

③附件功能的使用

附件,即发邮件时附加一个文件,与邮件内容一起传送至收件人。一般附件不宜过大,否则要么传送时间长,要么被拒收;如果附件内容不长时,就直接撰写于信件中。

④勿重复传送同一讯息

勿一再传送相同的讯息给相同的对象,这不仅会使网络超载而降低传输速率,同时也会占用他人的信箱容积。此外,不要分别发送相同的讯息给多个组群,因为有不少网络使用者同时隶属于几个不同的电子邮件组群,如此一传送,这些使用者势必会重复收到相同的讯息。

⑤定期检查计算机系统的时间与日期

电子邮件传送时会以所用计算机的设定日期与时刻来标示信件发送的时间,为避免误会发生,须定期检查计算机系统时间与日期的设定是否正确。

(二)即时通信

即时通信简称IM,是一种接近于实时进行的文字信息沟通,可以在两个或更多个用户之间进行,是基于网络平台如QQ及微信等进行一对一交流的沟通方式。匿名状态下的沟通,有两种极端,或者克服羞涩心理完全本色沟通或者以非真实身份来参与聊天。

1.要即时反馈,反应要快,不然将失去聊天对象。

2.熟练使用网络符号与网络时尚语言,会增强认同感,形成亲和力。

3.沟通中加强趣味性,在聊天中感受愉悦、培养亲和力。

(三)网络会议

网络会议又称远程协同办公,可突破时间地域的限制通过互联网实现面对面般的沟通效果。拥有强大的数据共享功能,有网页同步、程序共享、演讲稿同步、虚拟打印及文件传输等丰富的会议辅助功能。

【情境演练】

游戏:圆桌战

一、规则

　　一个辩题正反两观点。从一个人开始,第一人可以优先选立场,然后说一句论证的话;接着第二个人(顺时针或是逆时针,可自行确定)为另一方观点论证,或是驳第一人;第三个人与第一个人同观点,论证或驳前一人;第四人与第二人同观点。以此类推,可一直轮下去。若是圆桌人员为偶数,则大家的立场是不变的。若圆桌人数为奇数,则每一圈后大家的立场都会改变,所以更要注意听前一人的观点,以免搞错。

二、作用

　　考验反应、论证技巧、倾听、记忆和配合的能力。同用比赛的方式进行训练相比,这种方式比较省时省精力,而且大家围坐一起的气氛,紧张情绪会少一些。

【情境拓展】

语商(LQ)测试题

　　语商(LQ)是指一个人学习、认识和掌握运用语言能力的商数。具体地说,它是指一个人语言的思辨能力、说话的表达能力和在语言交流中的应变能力。

测试题:

1. 你觉得会说话对人一生的影响
   A. 重要　　　　　　B. 一般　　　　　　C. 不重要
2. 有人告诉你某某说过你的不是,你会
   A. 主动与他交谈　　B. 处处提防他　　　C. 也说他的不是
3. 你说话被别人误解后,你会
   A. 多给予谅解　　　B. 忽略这个问题　　C. 不再理人
4. 在公共场合,你的表现是
   A. 很善于言辞　　　B. 不善言辞　　　　C. 羞于言辞
5. 你和很多人在一起交谈时,你会
   A. 善用言辞来增加别人对你的好感
   B. 让别人说,自己只是旁听者
   C. 有时插上几句
6. 假如一个依赖性很强的朋友,打电话与你聊天,而你没有时间陪他,你会
   A. 问他是否有重要的事,如没有,回头再打给他

B.告诉他你很忙,不能和他聊天

C.不接电话

7.因为一次语言失误,在同学间产生了不好的影响,你会

A.以良好言行尽力寻找机会挽回影响

B.害怕说话

C.一样地多说话

8.在朋友的生日宴会上,你结识了朋友的同学,当你再次看见他时

A.立刻叫出他的名字,并热情地交谈

B.聊了几句,并留下新的联系方式

C.匆匆打个招呼就过去了

计分标准:

选 A 计 2 分,选 B 计 1 分,选 C 计 0 分。

结果分析:

1.得分为 6 分以下

语商较低,语言表达能力和语言沟通能力还很欠缺。多与外界接触,寻找一些与别人言语交流的机会,努力培养自己的说话能力。

2.得分为 6～11 分

语商良好,语言表达能力和语言沟通能力一般。应主动出击,在语言交流中赢得主动权。

3.得分为 12～16 分

语商很高,清楚怎样表达自己的情感和思想,能够很好地理解和支持别人。

【情境链接】

普通话水平测试等级标准

普通话是现代汉语的标准语。由国家语言文字工作委员会和国家教育委员会、广播电影电视部颁布的《普通话水平测试等级标准》(国语[1997]64号)把普通话水平分为三个级别(一级可称为标准的普通话,二级可称为比较标准的普通话,三级可称为一般水平的普通话),每个级别内划分甲、乙两个等次。三级六等是普通话水平测试中评定应试人普通话水平等级的依据。

级别		测试总失分率	标准
一级	甲等	3%以内	语音标准,词汇、语法正确无误,语调自然,表达流畅
	乙等	8%以内	语音标准,词语、语法正确无误,语调自然,表达流畅。偶然有字音、字调失误
二级	甲等	13%以内	声韵调发音基本标准,语调自然,表达流畅。少数难点音有时出现失误。词语、语法极少有误
	乙等	20%以内	个别调值不准,声韵母发音有不到位现象。难点音失误较多。方言语调不明显。有使用方言词、方言语法的情况
三级	甲等	30%以内	声韵母发音失误较多,难点音超出常见范围,声调调值多不准。方言语调较明显。词语、语法有失误
	乙等	40%以内	声韵母发音失误较多,方言特征突出。方言语调明显。词语、语法失误较多。外地人听其谈话有听不懂的情况

根据国家有关规定以下人员应当参加普通话水平测试并获得相应等级:

1.教师和申请教师资格的人员,应达到二级乙等及以上。

2.广播电台、电视台的播音员、节目主持人,应达到一级甲等或一级乙等。

3.影视话剧演员、配音专业人员,应达到一级甲等或一级乙等。

4.国家机关工作人员,应达到二级乙等及以上。

5.师范类专业、播音与主持艺术专业、影视话剧表演专业以及其他与口语表达密切相关专业的学生(包括在高等学校注册的港澳台学生和外国留学生),毕业时应达到与职业相应的等级。

6.有关行业主管部门规定的应该接受测试的人员,应达到行业规定的等级。

7.自愿申请接受测试的社会其他人员。

模块五 非语言沟通

瑞典运动员瓦尔德内尔是世界乒坛的标志性人物，被誉为"乒坛常青树"，与中国几代选手抗衡了20多年。为了找到瓦尔德内尔的软肋并战胜他，中国乒乓球队的教练员和运动员通过反复看录像，终于发现每当瓦尔德内尔在比赛最紧张的时候，都会下意识地提一下袜子。

世界冠军王涛说："我们在和瓦尔德内尔打比赛的时候，只要看到他提袜子，立刻就有招了，而且很灵。"瓦尔德内尔不经意间的动作暴露了自己的弱点，正是肢体语言的真实表现。

没有人可以隐藏秘密，假如他的嘴唇不说话，则他会用指尖说话。一个人的非言语行为更多的是一种对外界刺激的直接反应，基本都是无意识的反应。

——奥地利心理学家弗洛伊德

非语言沟通，是相对于语言沟通而言的，是指通过身体动作、体态、语气语调及空间距离等方式交流信息、进行沟通的过程。在沟通中，信息的内容部分往往通过语言来表达，而非语言则作为提供解释内容的框架来表达信息的相关部分，因此，非语言沟通常被错误地认为是辅助性或支持性角色。

在非语言沟通中，沟通双方相互作用的本质十分明显，没说一个字，就能通过服饰、面部表情、姿势或其他非语言符号来沟通。仅仅是走过校园这一种简单行为，也在发出信号并从不相识的过路者那里得到信号。在想"她正好住在我们宿舍，真想多了解她"，"他的个子真高，可能是一个运动员"。当别人看到你时，他们也可能同样在对你进行评价。

　　善于沟通者，必定是擅长使用身体语言的人。有人估计，人的脸部能表现出约 25 万种不同的信息，教室内可以有 7000 多种课堂手势，这些非语言符号都有着丰富的含义。在特定的场合，非语言符号可起到特有的作用。在体育比赛中，当运动员进行训练时，无论所做的动作成功或失败，教练或是抚摸头部或是拥抱都是一种思想情感的表露和传达。

　　美国语言学家艾伯特·梅瑞宾的研究表明：人与人之间的沟通高达 93% 是通过非语言沟通进行的，只有 7% 是通过语言沟通的。而在非语言沟通中，有 55% 是通过面部表情、形体姿态和手势等肢体语言进行的，只有 38% 是通过音调进行的。因此，他提出了一个著名沟通公式：

$$沟通的总效果 = 7\%的语言 + 38\%的音调 + 55\%的面部表情$$

　　美国学者米迪皮尔认为，即使是最保守的看法，在某一交往过程中，35% 的社会信息是通过语言传递的，其余 65% 的信息是由非语言手段传递的。

　　非语言沟通具有很强的传达力，对方会利用这些线索去解读你的意思，特别是当你的语言与行为产生矛盾时，对方甚至只去注意非语言沟通所传达出的信息。

情境一　非语言沟通的特点与作用

一、非语言沟通的特点

(一) 无意识性

一个人的非语言行为更多的是一种对外界刺激的直接反应，基本都是无意识的反应。例如，与自己不喜欢的人站在一起时，保持的距离比与自己喜欢的人要远些；有心事时不自觉地就给人忧心忡忡的感觉。

(二) 普遍性

在人类沟通的过程中，几乎每个人从小就自觉不自觉地学会了非语言沟通的能力，据考证，这种沟通能力的获得是人类有史以来就有的一种本能。随着人们的实践活动的发展，社会的进步和人际交往范围的扩大，人们的非语言沟通能力也不断得到丰富和发展。由于各国文化的不同，这种非语言的表达方式也有所不同，但就一般意义上来讲，与各国各民族所用的语言比较起来，非语言沟通的信息共享更强一些。国际音乐和舞蹈演出活动邀请了许多国家的歌唱家一起同台表演，有时并不需要说同样的语言，音乐和舞蹈可以跨越言语障碍进行人与人之间的非语言沟通。

(三) 情境性

非语言沟通一般不能够单独使用，不能脱离当时当地的条件、环境背景，包括与相应语言情境的配合。相同的非语言信息，在不同的情境中会有不同的意义。同样是拍桌子，可能是"拍案而起"，表示怒不可遏；也可能是"拍案叫绝"，表示赞赏至极。

(四) 可信性

由于语言信息受理性意识的控制，容易作假；人体语言则大都发自内心深处，极难压抑和掩盖。英国心理学家阿盖依尔等人研究：当语言信息与非语言信息所代表的意义不一样时，人们相信的是非语言信息所代表的意义。

（五）个性化

每个人都有自己独特的人体语言，它体现了个性特征，爽朗敏捷的人同内向稳重的人的手势和表情肯定是有明显差异的。

（六）民族性

不同的民族有不同的文化和风俗习惯，这些决定了其特有的非语言沟通方式。例如，欧洲一些国家，亲吻是一种礼节，是友好热情的表示，尤其是对女性而言，但中国人更习惯以握手的方式来表达同样的感情。

（七）社会性

人与人之间的关系是一种社会关系，年龄、性别、文化程度、伦理道德、价值取向、生活环境及宗教信仰等社会因素都对非语言沟通产生影响。不同职业角色和阶层都对非语言沟通有着较细微的规定性。例如，有些年轻人喜欢相互用手拍肩膀以示友好，如果用同等方式去向父母或年龄较大的长辈表达友好就是无礼了。

（八）规范性

规范性是指一个社会群体或一个民族受着特定文化传统的影响，长期以来对非语言沟通所产生的社会认同。每一种社会角色都有着被大家承认的行为举止准则，在运用非语言信息时，要考虑沟通对象的文化、民族、环境、年龄、心理和社会道德等因素。一旦忽略了某种非语言信息所特有的规范性，便会造成误解和障碍。

二、非语言沟通的作用

非语言信息的特点决定了它具有六种作用：补充语言信息、替代语言信息、强调语言信息、否定语言信息、重复语言信息、调节语言信息。

（一）补充作用

1. 信息量大

非语言沟通能够多方面多层次进行信息交流。例如，在一次面试中，面试官可以从应聘者的点头、微笑、皱眉、手臂交叉和手势动作等获取更多关于应聘者的信息；而应聘者也能从面试官的身体动作、面试场所布置和人际距离等掌握更多用人单位的相关情况及面试官的态度，从而在信息量上弥补面试双方语言交流的不足，使双方进行更有效的沟通。

2. 连续性

连续性是指只要双方在各自的视线范围内，非语言信息交流就能不断地进行。

3. 变化性

在沟通中，人的面部表情、手势动作、臂部动作等都在不断变化。这些变化往往与语言信息的传递相伴进行，能够对语言信息起到强调和渲染作用，从而增加沟通的生动性和直观性。

（二）替代作用

当某件事不便用言语表述或特定环境阻碍了言语沟通时就使用替代法，在一定的场景下，即使对方没有说一句话，但从对方的表情上已经了解到对方的意思。例如，当一位朋友在饭桌上准备将你的一次尴尬的经历告诉别人时，你用脚踢了他一下，他会意后便打住；在吵嚷的公共场所，人们也是用手势代替说话。这种替代是有条件的，即一定是同样文化氛围或者是普遍被人们认同的规则下才能应用，否则便容易引起误解。

（三）强调作用

谈话时比比划划、眉飞色舞，演讲者在激昂之时用力挥舞着拳头，教师表扬学生时伸出大拇指，非语言信息在这里都起到了补充与强化语词表达的辅助作用。对讲话中的某些词或话故意提高音量或者拖长，也是为了强调和凸显其特别之处。

（四）否定作用

有时非语言信息会否定语言信息所传播的信息含义。假装的笑脸往往会否定高兴、愉快的言语；痛苦的表情又会被人"读"出幸灾乐祸的心境。当它们发生矛盾时，人们倾向于相信非语言信息承载的信息，而不相信语言信息。

（五）重复作用

以非语言信息重述语言信息的例子很多，如在对服务员说"再拿个馒头"时伸出一个手指；说"真棒"时连连点头，说"没劲"时连连摇头。重复可以使信息传递更加准确。

（六）调节作用

这是指以非语言信息来协调和调控人与人之间的语言交流状态，如把食指向上伸直靠近嘴唇，意思是"别说了"或"小声讲"；把耳朵对准讲话人的嘴巴，意思是"大声些""我在仔细听"。

情境二　非语言沟通的种类

一、副语言

副语言指无声而有形的现象，即与话语同时或单独使用的手势、身势、面部表情及对话时的位置和距离，等等。这些也能表示某种意义，一般有配合语言加强表达能力的作用。副语言包括辅助语言和功能性发声。

（一）辅助语言

辅助语言是指辅助口头语言的声音要素，人们在进行语言沟通时，同一句话，同一个字，就因为使用不同的副语言而造成人们不同知觉的事例很多，比如，人们往往倾向于把说话语速较快、口误较多的人知觉为缺乏自信，或言不由衷的人，而把说话声音响亮、慢条斯理的人知觉为地位较高、悠然自得的人。每个人的声音都与众不同。一个研究者发现，当人们戴上蒙眼布去听20位演讲者演讲时，听者能区分出演讲者的民族背景、教育水平、性别，以及误差不超过5岁的年龄。那么，到底是什么让听者判断出来的呢？

美国语言学家艾伯特·梅瑞宾估计,沟通中39%的含义受声音暗示的影响。在英语以外的语言中,这个百分比甚至更高。一句话的含义往往不决定于其字面的意义,即词语本身,而是决定于它们的表达方式,即弦外之音。例如,当家长用温和的声音告诉孩子去打扫他的房间时,两小时后房间仍然保持原样。而当这位家长大声严厉地说"快去打扫你的房间,否则你就会有麻烦"时,孩子便赶紧行动起来。

辅助语言包括说话的速率(速度)、音调(高低)、音量(响度)、音质(悦耳或令人不舒服)和声音补白的特点。当这些因素中任何一个或全部被加到词语中时,它们能修正其含义。

1.速率

说话的速率能对接收信息的方式产生影响。研究人员研究发现人每分钟说话速率在120~261个字。他们发现,当说话者使用较快的速率时,他被视为更有能力。当然,说得太快,人们跟不上,说话的清晰度也可能受到影响。

2.音调

音调指声音的高低,可以决定一种声音听起来是否悦耳。一般情况下,柔和的声调表示坦率和友善,在激动时自然会有颤抖,表示同情时略为低沉。不管说什么样的话,阴阳怪气就显得冷嘲热讽;用鼻音哼声往往表现傲慢、冷漠、恼怒和鄙视,是缺乏诚意的,会引起人不快。较高和有变化的音调,则被视为更有能力;较低的音调难以听到,用低音的人似乎是胆量不足,所以可能被认为没把握或害羞。

3.音量

信息的含义可以受到音量的影响,即说得响亮的程度。如果合乎说话者的目的,且注意场合的使用,声音响亮是美妙的,柔和的声音也有同样的效果。想要保持课堂安静,有经验的老师知道什么时候提高或降低音量。

4.音质

声音的总体质量是由所有其他声音特点构成的,即速度、回音、节奏和发音等。声音质量是非常重要的,研究人员发现,声音不成熟的人可能被认为能力差和权力低,但更诚实和热情;声音有吸引力的人被视为更有权力、能力和更为诚实。美国前总统克林顿的声音独特、沙哑、浑厚,他知道如何运用这种声音深入民心,在大选演说中,他的声音铿锵有力,听起来是一个强大的、可靠的、能给人们希望的总统。

5.声音补白

声音补白是在搜寻要用的词时,用于填充句子或做掩饰的声音。在现实生活中,人们会使用许多声音补白让其他人知道自己还在说,尽管也可能不确切地知道自己想要说什么。不能算作词的"嗯""啊""呀",以及"你知道""像"或"无论如何"这样的短语,都表明了暂时的停顿。尽管它们后边跟着词语,但是在这种情况下是没有意义的。人们都使用声音补白,但如果用得太频繁,甚至分散听者的注意力反而不利于表达。

(二)功能性发声

功能性发声是指人发出的哭、笑、哼、叹息、呻吟、口头语等声音。它们不具有固定意义,往往在不同的情境中表达不同的意义。

二、体态语言

许多研究表明,我们也许能停止有声语言的传播,但不能停止无声语言的发出。人的每一种姿态动作都是心理状态和生理状态信息的外化,总是有意无意地"泄露"内心的秘密和蕴藏的信息。同时,它们与那一片刻中作用于我们的某种事情往往相关;而每个人也都能够根据传播经验和文化背景从体语中推断或"破译"出有关信息,并加以运用。

研究发现:人体能够发出多达70万个不同的信号。人们使用姿态动作不外两个目的:加强一种思想或观点;帮助描绘某些事情。但有一个总的要求,就是适宜和协调。使用的姿态动作应与讲话内容相宜,并与接收者的期望相符;在表达意思时,要使语言与动作合拍一致,身体的各部位有机协调。

大多数基本的体语信息都是全世界通用的。人们高兴时会微笑,感到悲伤或愤怒时会皱眉头或怒目而视。在大多数情况下,点头通常都是用来表示赞同或肯定;和点头一样,摇头也是一种普遍的动作,其含义与点头相反,表示反对或否定。

(一)情态语言

情态语言是指人脸上各部位动作构成的表情语言,如目光语言、微笑语言等。在人际交往中,面部表情是人的内心世界的"荧光屏",复杂心理活动无不从面部显现出来。眉毛、眼睛、嘴巴、鼻子、舌头和肌肉的综合运用可以向对方传递丰富的心理活动。

1957年,美国心理学家爱斯曼做了一个实验,他在美国、巴西、智利、阿根廷和日本五个国家选择被试者,拿一些分别表现喜悦、厌恶、惊异、悲惨、愤怒和惧怕等六种情绪的照片让他们辨认。结果,绝大多数被试者的认同趋于一致。实验证明,人的面部表情是内在的,有较一致的表达方式。因此,面部表情多被人们视为是一种"世界语"。

1. 目光

目光被认为是人类最明确的情感表现和沟通信号,在面部表情中占据主导地位。眼睛具有反映深层心理的特殊功能,目光的移动、移动方向和集中程度等都能代表不同的心理状态。目光与讲话之间有一种同步效应,它忠实地显示着所说内容的真正含义。

美国沃顿商学院的研究表明,口头陈述能够被听众所记住的部分只有10%。这就意味着仅仅用语言表达自己的意见时,必须反复重申自己的核心观点才有可能给听众留下深刻印象。相比而言,如果将口头语言与视觉信息结合起来阐述自己的观点,听众就会记住50%的信息。

(1)注视

行为科学家断言,只有相互注视对方的眼睛时,彼此的沟通才能建立。

英国人迈克尔·阿盖尔是研究社会心理学和肢体语言技巧的先驱,他发现欧美人在彼此交谈的过程中,平均约有61%的时间里目光会保持着注视对方的状态。这其中包括自己说话时,注视对方的时间约占41%;倾听别人说话时,注视对方的时间约占75%;而交谈时双方目光对视的时间约占31%。

①注视的时间

A.表示友好。向对方表示友好时,应不时地注视对方,注视对方的时间应占全部相处时间的1/3左右。

B.表示重视。向对方表示关注,注视对方的时间应约占相处时间的2/3。

C.表示轻视。目光常游离对方,注视对方的时间不到全部相处时间的1/3,就意味着轻视。

D.表示敌意。目光始终盯在对方身上,注视对方的时间占全部相处时间的2/3以上,被视为有敌意,或有寻衅滋事的嫌疑。

E.表示兴趣。目光始终盯在对方身上,偶尔离开一下,注视对方的时间占全部相处时间的2/3以上,表示对对方较感兴趣。

②注视的区域

A.公务注视。是在洽谈业务、贸易谈判或者磋商问题时所使用的一种注视方式,会显得严肃认真,给人有诚意之感。注视区域为以两眼为底线、额中为顶角形成的三角区。

B.社交注视。是在社交场所使用的一种注视方式,能给人一种平等而轻松的感觉,营造出一种良好的社交气氛。注视区域为以两眼为底线、唇为下顶点形成的倒三角区。

C.亲密注视。这种注视往往带有亲昵和爱恋的感情色彩,一般是在关系亲密的人之间采用的一种注视方式。注视区域为从双眼到胸部之间。

③注视的方式

无论是使用公务注视、社交注视及亲密注视,都要注意不可将视线长时间固定在所要注视的位置上,以免被对方误以为是在窥视他内心深处的隐私,甚至是在向他表示不信任、审视和抗议。应适当地将视线从固定的位置上移动片刻,这样能使对方心里放松,感觉平等。当与人交谈时,如果表示对谈话内容感兴趣,就要用柔和友善的目光正视对方的眼区;如果想要中断交谈,可以有意识地将目光稍稍转向他处。

(2)眼神交流

①爱憎功能

亲昵的眼神交流可以打破僵局,使交谈双方的目光长时间相接。若在公共场合对他人死死地盯视,则可能伤害对方,引起不愉快的结局。

②威吓功能

用眼神长时间盯视对方还有一种威吓功能。警察对罪犯、父母对违反规矩的孩子,常常怒目而视形成无声压力。

③补偿功能

两个人面对面交谈,一般的规矩是说者看着对方的次数要少于听者,这样便于说者将更多的注意力集中到要表达的思想内容上。一段时间后,如果说者的视线转向听者,这就是暗示对方可以讲话。

2.眉毛

眉毛可以反映许多情绪。当人们表示感兴趣或疑问的时候,眉毛会上挑;当人们赞同、兴奋或激动时,眉毛会迅速地上下跳动;处于惊恐或惊喜的人,眉毛会上扬;处于愤怒、不满或气恼的人,眉毛会倒竖;当人们窘迫、讨厌和思索的时候,往往会皱眉。

3.嘴

嘴的动作也能从各个方面反映人的内心。嘴紧抿而且不敢与他人目光相接触,可能心中藏有秘密,此时不愿透露;嘴不自觉地张着,并呈倦怠状,说明他可能对自己及所处的环境感到厌倦;咬嘴唇,表示内疚;当对他人的谈话感兴趣时,嘴角会稍稍往后拉或向上拉。值得注意的是,在英语国家,用手遮住嘴,有说谎之嫌。中国人在对人讲话时,为了防止唾沫外溅或口气袭人,爱用手捂住嘴,很容易使英语国家的人认为他们在说谎话。

4.鼻子

一般情况下,鼻子是不动的,人们在用鼻子表达情绪时,通常会借助其他的器官。有这样几种情况:如果在与人交谈时用手摸鼻子,表示不信任对方或对其讲的话表示怀疑;如果在听对方说话的时候微微抬起下巴,鼻子坚挺,就表示他很固执己见,不管对方说得如何天花乱坠都不为所动;如果在交际场合始终高昂着头,把鼻孔朝向对方,则说明他藐视对方才会表现得极为傲慢。当然,鼻子也有变化的情况,当一个人感到自己的身心受到威胁或者认为某件事情不合情理时,也会做出鼻孔扩张的动作。

5.微笑

在经济学家眼里,微笑是一笔巨大的财富;

在心理学家眼里,微笑是最能说服人的心理武器;

在服务行业,微笑是服务人员最正宗的脸谱……

人们对于微笑的表情最为敏感,普遍会产生积极的情绪。你向对方微笑,对方也报以微笑,他用微笑告诉你:你让他体验到了幸福感,你的微笑使他觉得自己是一个受欢迎的人。换言之,你的微笑使他感到了自己的价值。微笑也能创造快乐,微笑虽然无声,但是它说出了如下许多意思:高兴、欢悦、同意、尊敬。

微笑是有自信心的表现,微笑可以表现出温馨、亲切的表情,能有效地缩短双方的距离,给对方留下美好的心理感受,从而形成融洽的社交氛围。在社会交往中,始终保持善意的微笑,可以反映出一个人修养良好、至诚待人。

【案例】

美国希尔顿酒店的事业一直兴旺发达,秘诀就在要求全体从业人员微笑服务。希尔顿酒店创始人康拉德·希尔顿曾经说:"酒店第一流的设备重要,而第一流的微笑更为重要。"50多年里,他不断地到设在世界各地的希尔顿酒店视察,视察中他经常问下级的一句话是:"你今天对客人微笑了没有?"

(1)微笑的时机

在与交往对象目光接触的瞬间展现微笑,表达友好。如果与对方目光接触的瞬间仍然延续之前的表情,即使是微笑也会让人感觉有些虚伪,是故作姿态。

(2)微笑的层次变化

在整个交往过程中微笑的程度要有所变化,既要在整个过程中保持微笑,又要有收有放。微笑的程度有很多层次,有浅浅一笑、眼中含笑,也有热情的微笑、开朗的微笑,要根据沟通情况和个人特点自然、随机地发生变化。

(3)微笑的维持长度

在交往过程中,目光停留在对方身上的时间应该占整个过程的1/3~2/3,这段时间里在与对方目光接触的时候应展现出灿烂的笑容。其余的时间段内,应适当地将笑容稍微收拢,保持亲和的态度就可以了。

(二)身势语言

身势语言亦称动作语言,指人们身体的部位做出表现某种具体含义的动作符号,包括手、肩、臂、腰、腹、背、腿、足等动作,是思想感情和文化教养的外在体现。

1.手掌

在用来传递肢体语言信息的各个身体部位中手掌是最容易被忽视的,但是,其作用却是最大的。当我们向他人提供指示或发布命令,以及与他人握手的时候,内心的一些想法往往会通过手掌表现出来。

(1)手心向上

这是一种用来表示妥协、服从和善意的手势。不过,假如在说话的同时还配有手部动作,那情况就大不相同了。如果希望他人开口说话,可以向他伸出右手,摆出一个手心向上的手势以示"谈话权的移交",从而告知对方希望他能继续与你谈话,而自己也已经做好了在接下来的谈话中主要当听众的准备。

(2)手心朝下

翻转手掌,使原本向上的手心朝下,这样一个看似简单的手势的变化却能够彻底改变他人对你的看法和态度。假如你和对方的身份和地位平等,当你做出了手心朝下的动作时,他可能会拒绝你的要求。但是,同样的要求,如果你使用的是手心向上的手势,他就很有可能会按照你的要求去做。

(3)合掌伸指

当手握成一个拳头,只留出一根手指时,这唯一的一根突出于拳头之外的手指就仿佛凝聚了整个手掌的全部力量,一触即发。如果在说话的同时将这根手指指向他人的时候,对方马上就会感觉到隐藏在手指背后的那种迫使人妥协的力量,在对方的潜意识中制造出一种负面的影响。

2.手臂

(1)双臂交叉抱于胸前

无论态度如何,将双臂交叉抱于胸前的动作往往会被当成是否定态度和消极思想的标志。与他人交谈时,如果看到对方摆出了双臂交叉的姿势,就应该立刻意识到自己是不是说了一些与对方观点不同的话。

(2)握拳式的双臂交叉姿势

当一个人在将双臂交叉抱于胸前的同时两只手也紧紧地攥成拳头夹于腋下时,那就表示他此时除了具有相当强烈的防御意识之外,还带有十分明显的敌意。如果同时他的脸上还伴有双唇紧闭的微笑,或者干脆露出了咬牙切齿、满脸涨红的表情,那么,接下来的口舌之争,或是更加激烈的打斗就很有可能会在所难免。

3.手势

英国航空公司告诫出国的乘客:要小心,手势不当会让你尴尬。

手势是身体动作中最核心的部分,可以是各民族通用的,如摇手表示"不"。手势也会因文化而异,向上伸大拇指是中国人最常用的手势,表示夸奖和赞许,意味着"好""了不起""高明";在尼日利亚,宾客来临要伸出大拇指,表示对来自远方的友人的问候;在日本,这一手势表示"男人""您的父亲";在韩国,表示"父亲""部长""队长";在墨西哥、荷兰和斯里兰卡等国家,这一手势表示祈祷幸运;在美国、印度和法国,在拦路搭车时横向伸出大拇指表示要搭车;在印度尼西亚,伸出大拇指去指东西;但在澳大利亚,竖大拇指则是一个粗野的动作。

美国社会学教授戴维·埃弗龙对人类的手势作了长期的调查研究,写下了《手势、种族和文化》一书。他认为,在某种程度上决定手势方式的是文化因素,而不是生理遗传因素。教育程度与民族的发展对手势的影响很大,手势可能随着教育的普及而减少。

4.下肢语言

美国心理学家保罗·埃克曼指出:当人们撒谎的时候,下半身的肢体动作会大量增加,所以只要观察者能够看到撒谎者的整个身体,就能大大提高识破谎言的成功率。

腿部和双脚是丰富的信息源,大部分人都对腿部和双脚的动作不太关注,根本不会考虑掩饰或者伪装这部分的肢体动作,而这种掩饰和伪装常常都会在脸部上演。一个人或许可以假装出镇定自若的表情,可是如果双脚不断地轻敲地板或者双腿一直微微晃动,就说明在他镇定自若的神情下,内心充满了想逃却逃不了的挫折感。

不互相交叉或者大幅叉开的双腿展现出一种开放的姿态,或是处于支配的地位;而交叉的双腿则显示出一种保守的姿态,或是没有把握的态度。

三、着装

【案例】

美国有位营销专家做过一个实验,他本人以不同的打扮出现在同一地点。当他身穿西服以绅士模样出现时,无论是向他问路或问时间的人,大多彬彬有礼,而且本身看来基本上是绅士阶层的人;当他打扮成无业游民时,接近他的多半是流浪汉,或是来找火借烟的。

西方有句俗语:穿着成功不一定保证你成功,但不成功的穿着保证帮助你失败!

1996年,美国一家制衣公司为了提高利润做了一次统计调查,希望了解消费者穿衣的动机和期望服装带给穿衣者的社会效益,调查结果是:60%的人认为穿衣服是为了"增加自信",51%的人是为了"在压力下保持镇静",49%的人期望自己"看起来是理解人、关心人的",41%的人渴望看起来"聪明",而只有6%的人是为了"看起来漂亮"。可见,服装最大的功能是帮助人们建立自信。第一印象的93%是由服装、外表修饰和非语言的信息组成的。

着装是非言语沟通的主要媒介,个人属性可以通过着装来表现,从一个侧面可以反映一个人的修养、性格、气质、爱好和追求。

IBM公司是全球著名的大公司。该公司的主管人员对于穿着与外表有着比较严格的要求。走遍世界各地,IBM主管人员都是身穿深蓝色西装、雪白的衬衫、黑亮的皮鞋,很容易让人辨认出来。这是IBM重视企业形象的一个典型表现,也是IBM企业文化的一个重要方面。

(一)着装与个性

1.着装专一的人非常自信

有的人在穿着方面不追潮流,也很少追求自己习惯的颜色和款式。这说明他非常自信,行为十分严谨,即使是在以衣帽取人的场合,也不会因此而感到尴尬。

2.追求时尚的人喜欢从众

有的人衣柜塞满了所谓过时的服装,尽管有些衣服只穿过一两次,但已被认为款式陈旧。这说明他盲从,表面上看是追求新鲜感,实际上给自己造成了沉重的压力。

3.精心选衣服的人自尊心强

有的人对衣服的选择十分精心,标志他毕生追求出人头地,但是,过分注意衣着又表明虚荣心强。

4.充分备衣的人计划性强

有的人总是在前一天晚上把第二天穿的衣服准备好,这表明他无论在生活还是在工作中都十分谨慎,讲究计划性,容易得到别人的好感和信任,但过分小心也常常会失去良机。

5.只图方便的人性情随和

有的人穿衣服不讲究,拿来什么就穿什么,这表明他有一种顺其自然的态度,视功名为过眼烟云。他强烈的自我意识常被别人误解为过于随心所欲。

6.听人摆布的人缺乏主见

有的人对穿着缺乏主见,经常由别人安排。这表明他过于谦虚,虽然知足常乐算个优点,但听天由命,与世无争,往往会降低威信。

7.反复无常的人优柔寡断

有的人一会儿想穿这个,一会儿又想穿那个,甚至一天换几次衣服,常为自己没有称心如意的衣服而感到沮丧和生气。这表明他是个优柔寡断的人,总是怀疑自己的意见和选择,往往对自己所做的一切都不会感到满足。

8.常穿旧衣的人珍惜劳动

有的人喜欢穿旧衣,甚至经济充裕后仍然如此。这说明他十分珍惜劳动成果和幸福,即使生活困难也不气馁,更不会怨天尤人,但往往缺乏开拓意识。

(二)着装的原则

1.整洁原则

整洁原则是着装的最基本的原则。一个穿着整洁的人总能给人以积极向上的感觉,并且也表示出对交往对象的尊重和对社交活动的重视。整洁原则并不意味着时尚和高档,只要保持服饰的干净合体、全身整齐有致即可。

2.个性原则

个性原则是指社交场合树立个人形象的要求。不同的人由于年龄、性格、职业及文化素养等各方面的不同,自然就会形成各自不同的气质,着装时不仅要符合个人的气质,还要凸显出自己美好的一面,为此,必须深入了解自我,正确认识自我,选择适合的服饰,让服饰尽显自己的风采。

3.和谐原则

所谓和谐原则指协调得体原则。即着装时不仅要与自身体形相协调,还要与年龄、肤色及气质等方面相配。着装是一门艺术,既能掩盖体形的某些不足,又能彰显好身材。要根据自己的特点,用心地去选择适合自己的服饰。

4. TPO 原则

TPO 是英文里时间、地点及目的三个单词的缩写,TPO 原则是目前国际上公认的着装原则。

(1) T——Time

表示着装要注意时间,通常指年代、季节和一日的各段时间,即所谓的流行感、时代感。白天工作时,女士应穿着正式套装,以体现专业性;晚上出席酒会就须多加一些修饰,如换一双高跟鞋,戴上有光泽的佩饰,围一条漂亮的丝巾。着装还要适合季节、气候特点,保持与潮流大致同步。

(2) P——Place

表示要适合场所、地点、环境,即不同的地点、环境需要有与之相适应的着装。就空间而言,即使在同一时代,着装也要根据环境而变化:与顾客会谈、参加正式会议等,着装应庄重考究;听音乐会或看芭蕾舞,应按惯例着正装;出席正式宴会时,应穿中国的传统旗袍或西方的长裙晚礼服;在朋友聚会、郊游等场合,着装应轻便舒适。

(3) O——Object

凡事要有一个明确的目的,着装也要考虑此行的目的。如果是去公司拜访,穿职业套装会显得专业;外出时要顾及当地的传统和风俗习惯,如去教堂或寺庙等场所就不应穿过露或过短的服装。

四、时空距离

(一) 时间控制

在沟通中可以利用时间产生心理效应来达到目的,对时间的控制是非语言沟通的一种重要形式。

沟通时间的选择,交往间隔的长短,沟通次数的多少,以及赴约的迟早往往显示出行为主体的品性与态度。例如,一个学生上课经常迟到或早退,老师会认为他学习不认真;一般人可以运用及时答复朋友来信的方式,表示对于友谊的重视。

文化背景不同,社会地位不同的人的时间观念也有所不同。有位驻非洲某国的美国外交官应约准时前往该国外交部,过了 10 分钟毫无动静,他要求秘书再次通报,又过了半个小时仍没人理会他,这位外交官认为是有意怠慢和侮辱他,一怒之下拂袖而去。后来他才知道问题出在该国人的时间观念与美国人不同,并非有意漠视这位美国外交官。

(二) 空间控制

美国心理学家罗伯特·索默经过观察与实验认为:人人都具有一个把自己圈住的心理上的个体空间,它像生物的"安全圈"一样,是属于个人的空间。

人际沟通的空间语言也称为人际距离或界域,它涉及使用周围空间的方式,以及坐或站时与他人保持的距离。例如,一进教室,你对坐在哪里的选择取决于你打算与老师发生多大程度的相互影响。如果你坐在前排中间,这可能表明你喜欢这位老师并要参与课堂活动;如果你坐在后排或角落里,你可能在向老师传递不想被牵扯进去,最好别看到你的信息。人们也划出特定的空间作为自己的领地,这个空间也被叫作私人空间,人们常常把它视为暂时或永久属于自己的空间。绝大多数人认为,他人只有得到允许才能进入自己的领地。

如果说时间的利用主要是传达行为主体自身方面的信息,那么,空间的利用则主要显示双方彼此间的关系。它主要受到双方关系状况的影响和制约,同时也受到交往的内容、环境以及不同文化、社会地位、心理特征和性别差异等多方面因素的影响。

美国西北大学人类学和心理学教授爱德华·霍尔博尔博士在他的"人体近身学"中提出了人际沟通空间的四个距离:亲密距离、个人距离、社交距离、公众距离。

1.亲密距离(0～0.45米)

亲密距离是人际交往的最小距离,又称亲密空间。其语义为"亲切、热烈",只有关系亲密的人才可能进入这一空间。如:夫妻、父母、子女、恋人和亲友,等等。

(1)亲密状态(0～0.15米)

常用于爱情关系,亲友、父母、子女之间的关系。

(2)疏远状态(0.15～0.45米)

身体虽不相接触,但可以用手相互触摸。

2.个人距离(0.45～1.2米)

个人距离,其语义为"亲切、友好",其语言特点是语气和语调亲切、温和,谈话内容常为无拘束的、坦诚的。比如个人私事,在社交场合往往适合于简要会晤、促膝谈心或握手。这是个人在远距离接触所保持的距离,不能直接进行身体接触。

(1)接近状态(0.45～0.75米)

适合握手,相互交谈。

(2)疏远状态(0.75～1.2米)

普遍适用于公开的社交场合,这段距离可以使任何人自由进入这个交往空间。

3.社交距离(1.2～3.6米)

社交空间,其语义为"严肃、庄重"。这个距离已超出了亲友和熟人的范畴,是一种礼节性或社交性的正式交往。

(1)接近状态(1.2～2.1米)

其语言特点为声音高低一般、措辞温和,适合于社交活动和办公环境中处理业务,等等。

(2)疏远状态(2.1～3.6米)

其语言特点为声音较高、措辞客气。适合于同陌生人进行一般性的交往、领导同下属的正式谈话,也适用于比较正式、庄重及严肃的社交活动,如高级官员的会谈及重要的贸易谈判。

4.公众距离(3.6米以上)

公众距离,这是人们在较大的公共场所保持的距离,其语义为"自由、开放"。

(1)近段距离(3.6～7.5米)

(2)远段距离(7.5米以外)

其语言特点为声音洪亮,措辞规范,讲究风格。适用于大型报告会、演讲会、迎接等场合。

五、触摸

触摸是通过身体接触来感知世界的唯一感觉,也是最有力和最亲密的沟通形式。触摸可以用语言无法做到的方式感动我们、伤害我们,可以跨越语言和文化的界限传递喜欢或憎恶的信息。相互靠得越近,就越增加相互触摸的可能性。触摸作为沟通的一种象征性手段,可以用来表述和说明相互作用的性质。

触摸行为能传递各种不同的信息。首先,它可以传递情绪信息。一项研究发现:60%的人在向另一个人致意和说"再见"时,都使用触摸,而长久分别时的触摸(握手、拥抱等)更为强烈些;其次,触摸可以传递地位信息。一般来说,主动触摸对方的人往往是地位较高的人,而且两人之间没有障碍和矛盾。所以,在日常交流中,大多是教师、上级和成年人主动触学生、下属和未成年人。通常,地位低的人往往希望得到地位高的人的触摸,而具有支配性个性的人或者企图显示这种支配性的人,他们往往主动采取触摸行为。另外,触摸可以传递安全信息,使受者有种慰藉感、舒服感、满足感和受保护感。

什么时候和在什么地方相互触摸受一系列严格的社会规则的支配,触摸受年龄、种族和宗教的影响,如果触摸是出乎意料或与当时要传递的信息无关,可能在瞬间变成一种侵犯。

(一)职业触摸

在这种情况下被触摸是因为某种特定的原因,如在体检时医生和护士的触摸,是非个人的和例行的。

(二)社交触摸

被用于与他人打招呼,握手是最普遍的形式。

(三)友谊触摸

在紧密的相互关系中使用这种触摸,包含朋友间的拥抱和亲吻。

(四)亲密触摸

在更紧密的相互关系中使用这种触摸。父母触摸自己的孩子,相爱的人之间以及夫妇之间的触摸。

谈话双方身体接触多少因文化不同而各异,在英语国家里,一般的朋友和熟人之间交谈时,避免身体任何部位与对方接触,即使仅仅触摸一下也可能引起不良的反应。如果一方无意触摸对方一下,他一般会说表示"对不起"的道歉话。

有一篇调查报告提供了一些有趣的数字,调查者在大学里或商店中观察两人坐着单独说话时的情景,每次至少1小时,记下两人触摸对方的次数:英国首都伦敦0次;美国佛罗里达州盖恩斯维尔2次;法国首都巴黎10次;波多黎各首府圣胡安180次。

六、吸引力

一些调查研究发现,有吸引力的人与没有吸引力的人相比,前者从他人那里得到的反应更积极,生活更轻松。有吸引力的女性在大学中得分高,更容易说服男性,并且得到的法律惩罚较轻。被认为有吸引力的男性或女性也被认为更敏感、善良、强健、好交际和有趣。在工作中,吸引力使人在很多方面受益,包括找到工作和得到较高的起始薪水。一个人如果有吸引力,那么与人交往和沟通就会变得顺畅起来。影响人际吸引的因素有:

(一)熟悉与邻近

过低与过高的交往频率都不会使彼此喜欢的程度提高,中等交往频率时,彼此喜欢程度较高。

(二)人格品质

人格品质是影响吸引力的最稳定因素,也是个体吸引力最重要的因素之一,真诚是排在第一位的人格品质。

(三)相似性

人们往往喜欢那些与自己相似的人:信念、价值观及人格特征相似;兴趣、爱好相似;社会背景、地位相似;年龄、经验相似。

(四)互补

当双方在某些方面看起来互补时,彼此的喜欢也会增加,当双方的需要、角色及人格特征等呈互补关系时,所产生的吸引力是非常强大的。

(五)外貌

容貌、体态、着装、举止及风度等个人外在因素在人际情感中的作用也是很大的,在交往初期,好的外貌容易产生光环效应。

(六)才能

才能可以增加个体的吸引力,但如果对别人构成压力,使人感受到自己的无能与失败,就不利于人际吸引。研究表明,有才能的人如果犯一些"小错误",会增加他们的吸引力。

【情境演练】

游戏:谁来比画谁来猜

出几个表现体态语言的成语,让游戏者两人一组,一名比画表现成语,另一名猜成语。

一、规则

1.每组两名选手参加,一人比画一人猜。

2.限时两分钟,猜对1题得1分,分最高组获胜。

3.比画者不得说出"词语"中的任何字,可以用语言和肢体向猜词者提示。

4.猜不出可以喊"过",但只有4次机会。比画者说出"词语"中的任何字,扣除一次机会。

5.观众不能提醒,提醒者表演节目。

二、目的

1.让游戏者充分体验准确表达的重要意义。

2.游戏者要综合运用多种方式来表达。

三、问题讨论

1.获胜组获胜的原因。

2.在对名词进行描述时有什么技巧?

四、总结

1.表达时话不在多,而在于精,要确定重点和关键。

2.话不是最重要的,让别人听懂才是目的。

五、参考成语

抓耳挠腮、左顾右盼、顿足捶胸、手舞足蹈、张牙舞爪、龇牙咧嘴、摩拳擦掌、前俯后仰、上蹿下跳、东张西望、拳打脚踢、蹑手蹑脚、指手画脚、摇头摆尾。

【情境拓展】

从肢体动作测试个性

测试题:

1.你何时感觉最好
　A.早晨　　　　　　　B.下午及傍晚　　　　C.夜里

2.当你非常专心工作时,有人打断你,你会
　A.欢迎他　　　　　　B.感到非常恼怒　　　C.介于上两者之间

3.你走路时是
　A.大步地快走　　　　B.小步地快走　　　　C.不快,仰着头
　D.不快,低着头　　　E.很慢

4.和人说话时,你
　A.手臂交叠地站着　　B.双手紧握着　　　　C.一只手或两手放在臀部
　D.挨着与你说话的人　E.摸着下巴,或用手整理头发

5.临入睡的前几分钟,你在床上的姿势是
　A.仰躺,伸直　　　　B.俯躺,伸直　　　　C.侧躺,微卷
　D.头睡在一只手臂上　E.被盖过头

6.你经常梦到你在
　A.落下　　　　　　　B.打架或挣扎　　　　C.找东西或找人
　D.飞或漂浮　　　　　E.你平常不做梦　　　F.你的梦都是愉快的

7.坐着休息时,你的
 A.两膝盖并拢   B.两腿交叉   C.两腿伸直
 D.一腿蜷缩在身下

8.碰到让你感到好笑的事时,你的反应是
 A.欣赏地大笑   B.笑着,但不大声   C.轻声地咯咯笑
 D.羞怯地微笑

9.下列颜色中,你最喜欢的是
 A.红色或橙色   B.黑色   C.黄色或浅蓝色
 D.绿色   E.深蓝色或紫色   F.白色
 G.褐色或灰色

10.当你去一个聚会或社交场合时,你
 A.会大声地入场以引起注意
 B.安静地入场,找你认识的人
 C.非常安静地入场,尽量保持不被注意

计分标准:

1.(A)2、(B)4、(C)6。
2.(A)6、(B)2、(C)4。
3.(A)6、(B)4、(C)7、(D)2、(E)1。
4.(A)4、(B)2、(C)5、(D)7、(E)6。
5.(A)7、(B)6、(C)4、(D)2、(E)1。
6.(A)4、(B)2、(C)3、(D)5、(E)6、(F)1。
7.(A)4、(B)6、(C)2、(D)1。
8.(A)6、(B)4、(C)3、(D)5。
9.(A)6、(B)7、(C)5、(D)4、(E)3、(F)2、(G)1。
10.(A)6、(B)4、(C)2。

结果分析:

1.得分在21分以下:**内向的悲观者**

你是一个害羞的、神经质的、优柔寡断的人。你需要人照顾,要别人为你做决定,不想与任何事或任何人有关。你会杞人忧天,会看到不存在的问题。有些人认为你令人乏味,只有那些深知你的人知道你不是这样的人。

2.得分在21分到30分之间:**缺乏信心的挑剔者**

你勤勉刻苦、很挑剔,是一个谨慎的、十分小心的人,一个缓慢而稳定辛勤工作的人,会从各个角度仔细地检查一切之后仍经常决定不做。

3.得分在31分到40分之间:**以牙还牙的自我保护者**

你是明智、谨慎、注重实效的人,也是一个伶俐、有天赋且谦虚的人。你不会很快和人成为朋友,但却是一个对朋友非常忠诚的人,同时要求朋友对你也以忠诚回报。

4.得分在41分到50分之间:**平衡的、中庸的人**

别人认为你是一个有活力的、有魅力的、幽默的和讲究实际的人,经常是公众注意力

的焦点,但是你是一个足够平衡的人,不至于因此而昏了头。你亲切、和蔼、体贴、能谅解人,是一个会使人高兴起来并乐于助人的人。

  5.得分在 51 分到 60 分之间:吸引人的冒险家

  你是一个令人兴奋的、活泼的和易冲动的人,会很快做决定,是一个天生的领袖,是一个愿意尝试机会而冒险的人。

  6.得分在 60 分以上:傲慢的孤独者

  你有支配欲、统治欲,是自负的、以自我为中心的人。人们不会相信你,会对与你更深入的来往有些犹豫。

【情境链接】

无声胜有声:默剧艺术大师查理·卓别林

  查理·卓别林堪称世界喜剧的"鼻祖",也是世界上第一个真正意义上的电影明星。

  卓别林的影片,继承和发扬了英国默剧的优良传统,在世界影坛上首屈一指。他在喜剧的夸张表演艺术方面,具有充分的生活依据和丰富的内心活动。无须语言和声乐的渲染,他用具有非凡表现力的眼神、面部表情和肢体动作与观众进行无声的沟通,表现出"无声胜有声"的意境,赢得了全世界人民的喜爱,成就了传奇的一生。

  早在 1915 年 9 月,卓别林的喜剧短片就开始在上海上映。20 世纪 20 年代初,他的电影在中国广为流行,上海的报纸几乎每天都登有他主演的电影广告,观众亲切地称他为"滑稽大王""快活大王"。1936 年春,卓别林在上海会见了老朋友京剧大师梅兰芳,还观看了京剧《法门寺》,并当面称赞了该剧主演著名京剧演员马连良。哑剧的表演与京剧的表演有着许多共通之处,因此卓别林认为京剧是一种非常洗练而完美的艺术。

  爱因斯坦曾为卓别林的两部电影而流泪,并致信卓别林:"你的电影《摩登时代》,世上人人都能看懂。你会是个伟人的。"

模块六

情商管理

引 例

1960年，美国著名心理学家瓦尔特·米歇尔进行了一个实验。

他在斯坦福大学附属幼儿园里选择了一群四岁的孩子，让他们走进一个大厅，在每一个孩子面前放着一块软糖。测试老师对孩子们说：老师出去一会儿，如果你能坚持到老师回来还没有把自己面前的软糖吃掉，老师就再奖励你一块。如果你没等到老师回来就把软糖吃掉了，就只能得到你面前的这一块。

在十几分钟的等待中，有些孩子缺乏控制能力，禁不住甜蜜诱惑把软糖吃掉了。而有些孩子领会了老师的要求，他们用各自的方式使自己坚持下来，以得到两块糖。有的把头放在手臂上，闭上眼睛，不去看那诱人的软糖；有的自言自语、唱歌、玩弄自己的手脚；有的努力让自己睡着。最后，这些有自控能力的小孩如愿以偿，得到了两块软糖。

研究者对接受这次实验的孩子进行了长期跟踪调查。中学毕业时的评估结果是：四岁时能够耐心等待的人在校表现优异，入学考试成绩普遍较好；而那些控制不住自己，提前吃掉软糖的人，则表现相对较差。进入社会后，那些只得到一块软糖的孩子普遍不如得到两块软糖的孩子取得的成绩大。

天下有大勇者，卒然临之而不惊，无故加之而不怒。

——宋代文学家苏轼

情境一　情商概述

情商（EQ）源于情绪智力一词，由美国的两位心理学家约翰·梅耶（新罕布什尔大学）和彼得·萨洛维（耶鲁大学）于 1990 年首先提出，而后又被誉为"情商之父"的哈佛大学心理学博士丹尼尔·戈尔曼进一步研究并扩展。情商指个体准确觉察自己及他人的情绪，理解人际关系中所表达的情感信号，以及管理自己和他人情绪的能力。他将情商概括为以下五个方面的能力：认识自我情绪的能力、妥善管理情绪的能力、自我激励的能力、认识他人情绪的能力、管理人际关系的能力。

美国流行这样一句话：智商决定录用，情商决定提升。

心理学家们推出的成功方程式为：

$$80\%情商＋15\%智商＋5\%逆商（逆向思维能力）＝成功人士$$

情商的水平不像智力水平那样可用测验分数较准确地表示出来，它只能根据个人的综合表现进行判断。心理学家们还认为，情商水平高的人具有如下的特点：社交能力强，外向而愉快，不易陷入恐惧或伤感，对事业较投入，为人正直，富于同情心，情感生活较丰富但不逾矩，无论是独处还是与许多人在一起时都能怡然自得。

一、情商与智商的关系

情商与智商是相互依存、相互制约及相互发展的关系。

（一）心理品质

智商主要反映人的认知能力、思维能力、语言能力、观察能力、计算能力及律动的能力等。也就是说，它主要表现人的理性的能力。

情商主要反映情感品质的差异，是一个人感受、理解、运用、表达、控制和调节自己情感的能力，以及处理自己与他人之间的情感关系的能力。情商所反映的个体把握与处理情感问题的能力，情感常常走在理智的前面，是非理性的。情商对于人的成功起着比智商更加重要的作用。

（二）形成基础

情商和智商虽然都与遗传因素和环境因素有关，但智商与遗传因素（先天性）的关系远大于社会环境因素；情商与社会环境因素（后天性）关系比较密切，人的情感容易受到社会环境的影响，总是有着根深蒂固的从众心理。

（三）作用

智商的作用主要在于更好地认识事物。智商高的人思维品质优良，学习能力强，认识度深，容易在某个专业领域作出杰出成就。调查表明，许多高智商的人成为专家、学者、教授、法官、律师及记者等，在自己的领域有较高造诣。

情商主要与非理性因素有关，它影响着人认识和实践活动的动力。通过影响人的兴趣、意志、毅力、动机、信念、情感（情绪）、理想、性格，加强或弱化人认识事物的驱动力。智商不高而情商较高的人，学习效率虽然不如高智商者，但有时能比高智商者学得更好，成就更大。另外,情商是自我及他人情感把握和调节的一种能力,其作用与社会生活、人际关系、健康状况有密切关联。情商高的人不将自己的价值观强加于人,对自己有清醒的认识,能承受压力,自信而不自满,人际关系良好,善于处理生活中遇到的各方面的问题,认真对待每一件事情。

二、中国古人的情商观

早在两千多年前,在秦国丞相吕不韦组织编写的巨著《吕氏春秋》中就提出了一套知人识才的办法,主张对人才要进行全面考察,统称为"八观六验""六戚四隐"。

(一)八观六验

1.八观:根据人所处位置来认知人

(1)通则观其所礼:显贵之时看其所行的宾礼。即有地位时看是否趾高气扬,蛮横无理。

(2)富则观其所养:富裕之时看其所养的门客宾客。即富足之后他结交什么样的人。

(3)听则观其所行:即听他们所言之后看他做不做,如何做。

(4)止则观其所好:即看他业余时间追求崇尚什么。

(5)习则观其所言:习是"亲信"的意思。当他身处领导周围,有一定的发言权时看他出好主意还是坏主意。

(6)穷则观其所不受:即穷困之时看其是否不受非分之财。

(7)贵则观其所进:任要职之时看其推荐什么样的人。

(8)贱则观其所不为:贫贱时看其是否不为非义之事,尽管地位低下,绝不做有损国格、人格之事,堂堂正正,掷地有声。

2.六验:依据人的情感来认识人

(1)喜之以验其守:使之"得意",看其是否"忘形"。

(2)乐之以验其僻:使之高兴,看其是否不变操守,是否邪僻不正。

(3)怒之以验其节:使之发怒,看其是否能自我约束。

(4)惧之以验其持:使之恐惧,看其是否意志坚定,不变信念。

(5)哀之以验其人:使之失败,看其是否自制、自强。

(6)苦之以验其志:使其处于艰苦环境,看其是否有大志。

(二)六戚四隐

1.六戚

六戚指"父、母、兄、弟、妻、子",代表了家庭关系。观察他的家庭关系是否和睦,家庭关系处理不好的人也难以处理好社会关系。

2.四隐

四隐指"交友、故旧、邑里、门郭",代表了社会关系。观察他交什么样的朋友,与邻里关系相处得怎样。

总之。"内则用六戚四隐,外则用八观六验,人之情伪贪鄙美恶,无所失矣"(《吕氏春秋·论人》)。只有对人进行了全面、严格的考察,才能知人识才,也只有如此,才能真正做到知人善任。

三、情商培养的阶段

情商,形成于儿童期和少年期,成熟于青年期。

有的学者提出,人的性格的形成,30%受先天因素的影响,70%由后天因素决定。情商的形成,是一个长期的过程。一旦形成就比较稳定,因此,人们常说"江山易改,秉性难移"。但是,因为影响人们情商形成的主观因素和社会因素总是在不断发展变化,所以,青年期之后,随着人生经历的丰富和知识经验的不断积累,特别是个人亲身的生活、工作实践的增长,其情商水平会不断提高。

(一)儿童期(0~11岁)的情商培养

儿童期是一个人情商培养的开始阶段,或者叫准备阶段、奠基阶段。这个时期孩子主要是学习语言和最基本的社会常识,模仿大人,主要是模仿父母的行为和动作,而且,儿童的模仿不分好坏,父母的优点和缺点被孩子一起学习和吸收,因此,人们常说:谁家的孩子像谁。父母是孩子的第一任老师,从这个意义上说,要想让孩子有高情商,做父母的首先要有高情商。所以,儿童期的家庭教育对一个人的情商形成是极其重要的。

儿童上小学以后便开始接受正规的教育,这个时期的孩子,主要特征是好奇、好动。好奇心会产生求知欲,好动会产生模仿、尝试和冒险。因此,学校和家长对这个时期的孩子必须给以正确科学的引导教育。

(二)少年期(12~18岁)的情商培养

少年期是一个人成长发育的关键时期。这个时期人的独立性开始提高,依赖性开始下降,世界观、人生观和价值观开始形成,而且又是可塑性很大的时期,血气方刚,极易受外界的影响。因此,有些学者把这个时期叫作人生的"断乳期",又称之为"危险期"。因为这个时期的孩子还不成熟,情绪极不稳定,行为也往往缺乏理智。对此,学校、家庭和社会必须共同对其进行积极的疏导,开展易于接受的、生动活泼的、丰富多彩的正确教育。

(三)青年期(19~30岁)的情商培养

青年期,人的生理与心理都已发育成熟,世界观、人生观和价值观及其个性都已基本形成。并且已走向社会,开始了独立的学习、生活与工作,陆续成家立业。这个时期,需要广泛全面地学习与实践社会规范和人生中各种生存技巧与知识,学习处理各种人际关系,以更好地适应人群与社会。

(四)成人期(31岁以后)的情商培养

这个时期,人的社会知识和实践经验已相当丰富,但面对错综复杂的社会生活和并不一帆风顺的人生,仍然需要继续学习和接受教育,学习新知识、新经验和人际技巧,不断反复实践和自我提高,其情商的培养主要靠自省、自悟及自我感受与体验。

情境二 情商管理的技巧

情商管理不是一种天赋,而是一种可以通过不断地训练来提升的能力。

一、认识自我情绪

人的内心是多元化的,这常常会导致沟通不明确、无效,甚至是矛盾的。因此,成功的沟通始于成功地认识自我。

(一)了解自我的类型

在生活中,有的人乐观向上,有的人却悲观绝望,究其原因是他们觉察和处理自身情绪的方式不同。美国心理学家约翰·梅耶将人的情绪管理方式分成三种类型:

1.自我觉知型

自我觉知型的人能有效地管理自己的情绪,是高情商者。他们情绪复杂丰富,心理健康,人生观积极向上。一旦出现情绪,自己便能觉察,情绪低落时绝不缠绵其中。

2.难以自拔型

这种类型的人一旦卷入情绪的低潮中便无力自拔,情绪多变而不自知,常常处于情绪失控状态,精神极易崩溃。

3.逆来顺受型

逆来顺受型又被称为认可型,这种类型的人很了解自己的感受,接受、认可自己的情绪,并不打算改变。这种类型还可以细分为两种:

①乐天知命型:整天开开心心,自然不愿也没有必要去改变。

②悲观绝望型:虽然认识到自己处于不良的情绪状态中,但采取不抵抗主义,抑郁症患者多是这一类人的典型,他们沉溺于自己的绝望和痛苦中。

(二)认识自我的途径

1.通过自我观察

观察自己的各种身心状态,如身高、外貌、体态及性格,与他人的关系等。在自我认识的过程中伴随着情感体验,如由外貌引发的自信或自卑的情绪,以及是否有目的、自觉地调节和控制自己的想法和行为,更好地认识外在形象和内在自我。

2.通过他人评价

"以人为镜,可以明得失",在认识自我的过程中,虚心听取他人的评价,同时又要客观、冷静地分析他人的评价,从多角度认识自我。

3.通过社会比较

将自己的现在,与过去和未来进行纵向比较,与同龄人或者有类似条件的人进行横向比较,通过更全面的纵横社会比较来正确地认识自我。

4.通过社会实践

通过与他人的合作情况了解自己的人际沟通能力,通过组织开展活动分析自己的组织管理能力,通过参加知识类的活动评估自己的知识掌握程度,以便更加客观地认识自我。

二、妥善管理情绪

自我管理主要是指一个人管理自己情绪的能力。情商不是与生俱来的,通过有意识地进行相关训练就可以得到提高。提高情商的过程,其实就是一种修炼的过程。所以,必须运用各种情绪管理技巧,灵活地调控自己的情绪,疏解矛盾,保证情绪的稳定和行为的积极。

(一)让忧虑到此为止

林语堂在其著作《生活的艺术》中说道:即使是最坏的事情也要照单全收,这便是获得内心平和的秘诀。

【案例】

一个小女孩趴在窗台上,看窗外的人正埋葬她心爱的小狗,不禁泪流满面。

她的外祖父见状,连忙引她到另一个窗口,让她欣赏自己的玫瑰花园。果然,小女孩的心情顿时明朗。

老人托起外孙女的下巴说:"孩子,你开错了窗户。"

卡耐基提出了一个消除忧虑的四步法,即当你产生忧虑时,应从以下四个方面着手分析并解决:我忧虑的是什么?在现实情况下,我能怎么办?我决定怎么办?我从什么时候开始做?这四步,实际上就是告诉人们在忧虑时应该冷静地进行心理分析,以寻求解决问题的办法。

"对必然的事,要轻快地去承受。"这是高情商者懂得也能做到的事情。世界上没有任何问题值得付出太多的忧虑,让忧虑到此为止。

(二)烦恼时安慰自我

安慰自我就是通过积极的自我评价以及对自己适度的宽容,抚慰自己因失败、挫折、不幸而痛苦不堪的心灵,面对困境要告诉自己这是合乎自然的事情。很多情况下,人们的痛苦与欢乐,并不是由客观环境的优劣决定的,而是由自己的心态和情绪决定的。遇到同一件事,有人感受到痛苦,有人却感受到快乐,情商不同的人会得出不同的结论。

【案例】

一个女儿对父亲抱怨事事都那么艰难,已厌倦抗争和奋斗,想要自暴自弃了。

父亲把女儿带进厨房,将胡萝卜、鸡蛋和咖啡粉分别倒入三口煮着沸水的锅里,大约20分钟后,将胡萝卜、鸡蛋和咖啡分别盛出。让女儿用手摸摸胡萝卜,她注意到胡萝卜变软了;让女儿剥掉蛋壳,她看到了煮熟的鸡蛋;让女儿喝咖啡,香浓的味道让她笑了。

父亲说,这三样东西面临同样的逆境——煮沸的开水,但反应却各不相同。胡萝卜入锅之前是强壮的,但经沸水一煮就变软了、变弱了;鸡蛋原来是易碎的,薄薄的外壳保护着呈液体的内脏,但经沸水一煮内脏就变硬了;而咖啡粉很独特,进入沸水之后反而改变了水。哪个是你呢?当逆境来临时你该如何反应?你是胡萝卜、鸡蛋还是咖啡粉?

(三)愤怒时控制自我

英国哲学家培根说:愤怒,就像地雷,碰到任何东西都一同毁灭。

我们对人所造成的伤害,再多的弥补往往也无济于事,宁可事前小心,也不要事后悔恨。所以在生气的时候,不管怎样总要留下退一步的余地,以免作出无法挽回的事情来。

【案例】

有一个小男孩,常常无缘无故地发脾气。一天,他父亲给了他一大包钉子,让他每发一次脾气都用铁锤在他家后院的栅栏上钉一颗钉子。

第一天,小男孩共在栅栏上钉了 37 颗钉子。过了几个星期,小男孩渐渐学会了控制自己的情绪,每天在栅栏上钉钉子的数目逐渐减少了。他发现控制自己的坏脾气比往栅栏上钉钉子要容易得多了……最后,小男孩变得不爱发脾气了。

他把自己的转变告诉了父亲。他父亲又建议说:"从今天起,如果你一天没发脾气就从上面拔一颗钉子下来。"小男孩照着父亲的要求做了。终于,上面的钉子全拔完了。

父亲拉着他的手来到栅栏边,对他说:"你做得很好。但是,你看一看那些钉子在栅栏上留下的那么多小孔,栅栏再也不会是原来的样子了。当你向别人发过脾气之后,你的言语就像钉孔一样会在人们的心灵中留下疤痕。无论你说多少次对不起,那伤口都会永远存在。"

在现实生活中,有人只顾一时的口舌之快,有意无意地对他人造成了伤害,殊不知这些伤害就像钉孔一样,也许永远都无法弥补。

在愤怒时可以从内心出发,进行非评判性的观察。要注意两点:第一,不可恶语伤人,这不同于一般的对事情发牢骚,对别人会造成深刻的伤害;第二,不可因愤怒而轻易泄露他人的隐私,这会使你不再被信任。

三、自我激励

美国心理学之父威廉·詹姆斯研究发现,一个没有受激励的人,仅能发挥其能力的 20%～30%,而当他受到激励后,所发挥的作用相当于激励前的 3~4 倍。

(一)自信与希望

自信心强的人有着共同的特点,如能激励自己,相信自己有办法实现目标,在身处挫折、逆境时能重振信心,为实现目标能随机应变,发现目标不可能实现时就能及时重新修订目标,对于那些棘手的工作擅长化整为零,逐个击破。

在这个世界上,有许多事情是人难以预料的,不能控制际遇,但可以掌握自己;无法预知未来,却可以把握现在;不知道自己的生命到底有多长,却可以安排当下的生活;左右不了变化无常的天气,却可以调整自己的心情。

【案例】

1991 年,一位叫作坎贝尔的女子战胜了森林和沙漠等险阻,成功地徒步穿越了非洲。当人们问她为何能完成这一令人难以想象的壮举时,她从容地回答说:"因为我说过我能。"人们又问她曾对谁说过"我能",她的回答是:"对自己说过。"

由此可见,自信是学会自我激励的首要条件。英国著名作家萨克雷说过:"生活是一面镜子,你对它笑,它就对你笑;你对它哭,它也对你哭。"人生就是这样的,你觉得自己行,那么你就能行;你若觉得自己不行,那你就一定不行。

人生可以没有许多东西,却唯独不能没有希望。生命是有限的,但希望是无限的。

(二) 乐观

乐观的人具有共同特质:能自我激励,能寻求各种方法实现目标,遭遇困境时能自我安慰,知道变通,能将艰巨的任务分解成容易解决的部分。

心理学家曾做过"半杯水实验",较准确地预测出乐观者和悲观者的情绪特点。悲观者面对半杯水说:"我就剩下半杯水了。"乐观者则说:"我还有半杯水呢!"因此,对高情商的乐观者来说,外在世界总是充满着光明和希望。乐观使人经常处于轻松、自信的心境,情绪稳定,精神饱满,对外界没有过分的苛求,对自己有恰当客观的评价。

【案例】

一次,在英国物理学家霍金演讲结束后,一名女记者冲到演讲台前问道:"病魔已将您永远固定在轮椅上,你不认为命运让你失去太多了吗?"霍金的脸上充满了笑意,用他还能活动的三根手指,艰难地叩击键盘后,显示屏上出现了四行文字:"我的手指还能活动,我的大脑还能思维,我有终生追求的理想,我有爱我和我爱的亲人和朋友"……在回答完那个记者的提问后,他又艰难地打出了第五句话:"对了,我还有一颗感恩的心!"现场顿时爆发出了雷鸣般的掌声。

(三) 发现自我

【案例】

生物学家曾往一个玻璃杯里放进一些跳蚤,发现跳蚤立即轻易地跳了出来。重复几遍,结果都是一样。根据测试,跳蚤跳的高度均在其身高的 100 倍以上,所以,跳蚤称得上是动物界的跳高冠军。

接下来,实验者把这些跳蚤再次放进杯子里,同时在杯上加一个玻璃罩,"嘣"的一声,跳蚤重重地撞在玻璃罩上。但是它们不会停下来,因为跳蚤的生活方式就是"跳"。一次次地被撞,跳蚤开始变得聪明起来,它们开始根据玻璃罩的高度来调整自己所跳的高度。经过一段时间以后,这些跳蚤再也没有撞击到这个玻璃罩,而是在罩下自由地跳动。

一天后,实验者把玻璃罩轻轻拿掉,跳蚤不知道玻璃罩已经去掉了,还是按原来的高度继续跳跃。一周后,那些可怜的跳蚤还在这个玻璃杯里不停地跳动——其实它们已经无法跳出这个玻璃杯了,已从一个跳蚤变成了一个可悲的"爬蚤"!

后来,玻璃杯下放了一个点燃的酒精灯。不到五分钟,玻璃杯烧热了,所有的跳蚤自然发挥求生的本能,再也不管头是否会被撞痛(因为它们都以为还有玻璃罩),全部都跳到了玻璃杯以外。

"自我设限"是一件悲哀的事情,跳蚤变成"爬蚤"并非自身已失去跳跃的能力,而是由于一次次受挫后习惯了、麻木了。现实生活中,有许多人也在过着这样的跳蚤人生。意气风发地屡屡尝试,但是往往事与愿违。几次失败以后,便开始抱怨这个世界的不公平,开始怀疑自己的能力,一再降低成功的标准——即使原有的限制已经取消了。

(四) 确立目标

确立目标是人生的起跑点,反映着一个人的理想、胸怀、情趣和价值观,影响着成就的高度。

【案例】

哈佛大学曾做过一项跟踪调查,对象是一群智力、学历、环境等条件差不多的年轻人,调查目的是测定目标对人生有着怎样的影响。

调查结果发现:27%的人没有目标,60%的人目标模糊,10%的人有清晰但比较短期的目标,3%的人有清晰且长远的目标。

25年的跟踪研究结果表明,他们的生活状况及分布现象十分明显:

占3%的有清晰且长远的目标者,25年来几乎都不曾更改自己的人生目标,他们怀着自己的梦想,朝着同一方向不懈地努力,25年后,他们几乎都成了社会各界的成功人士。

占10%有清晰短期目标者的共同特点是,那些短期目标不断被达成,生活状态稳步上升,成为各行各业不可或缺的专业人士。

占60%的模糊目标者,几乎都能安稳地生活与工作,但没有什么特别的成绩。

占27%的那些25年来都没有目标的人群,他们的生活几乎都过得不如意,甚至失业,靠社会的救济,并常常抱怨他人、抱怨社会和抱怨世界。

调查结果表明,目标对人生的影响深远,达到目标是实现梦想的重要步骤。

目标似乎易于实现,因此它比梦想更贴近现实。没有目标,不可能有任何事情发生,也不可能积极采取任何措施。

四、认识他人情绪

(一)善于移情

移情,就是对事物进行判断和决策之前,将自己处在他人位置,考虑他人的心理反应,理解他人的态度和情感的能力。

1.同理心

同理心要以自觉为基础,一个人越能坦诚面对自己的情感,就越能准确体会别人的感受。在发生冲突或误解的时候,当事人如果能将自己放在对方的处境中想一想,也许就可以更容易地了解对方的初衷,消除误解。在对他人的情绪进行识别、评价,并加以接受时,移情起着重要作用。

2.适当提问

提出问题有时比解决问题更重要,正确的提问方式能使我们在沟通中占据优势。提问是引导话题、展开谈话的一个好方法,对方往往会以你的提问方式,决定如何表达自己的情绪和心理。提问有三种功能:通过提问来了解自己不熟悉的情况,将对方的思路引导到某个要点上,打破冷场。

(1)提问要有逻辑性

①范围要明确

如果问题涉及的面过于宽泛,对方就很难找到回答的点。

②题设要恰当

人的知识水平、专业技能及阅历各有不同,要根据对方的能力范围提问。

③语义要清晰

在提问时选择合适的词句,确保语义清晰,减少歧义,避免对方误会。比如,你问别人"你的脚下有什么?"可能有人回答"有鞋子",有人会说"有地板",甚至有人说"有大地"。

(2)注意提问的方式

提问的人应对提问方式进行设计,例如,家中来了一位青海省的客人,你若这样问:"你是青海人吧?""青海比北京冷吧"等,对方恐怕只好一次又一次地重复"是"。这不能怪客人不健谈,而是对于这种提问也至多能回答到这个程度。如果你换一个问法:"这次到北京有什么新的感受?""青海有什么特产?"等等,这样客人不但可以介绍一些你所不了解的新鲜事,还会使其能充分叙述自己的感受而使气氛自然融洽。

如果你提的问题对方一时回答不上来或不愿回答,不宜生硬地追问或跳跃式地随便问,要善于转换话题。如果对方仅仅是因为羞怯而不爱谈话,就应先问点无关的事,如他工作的情况或学习的情况,等他不再紧张了,再把话题纳入正轨。

(3)提问要有明确用意

目的是行动的先导,提出的每一个问题都要尽可能清楚明了地表达自己的真正意图。

①希望得到简短精确的回答

应该使用所谓的"封闭式提问"或"选择性提问"。例如,"你现在想喝水吗?"对于这样的问题,人们给出的答案最有可能为"想"或"不想"。

②在不给对方造成压力的情况下,希望得到更确切的回答

可以选择"半开放式的提问"或者说是"关联提问"。这种提问方式是事先并不会给出或者暗示任何供选择的答案,对方的回答也是比较自由的,可以讲得多一些,也可以讲得少一点,可以相对详细一些,也可以只是表面性地介绍一下。例如,"你为什么不喜欢这本书?""你为什么非得去那所学校读书呢?"

③不想给交谈对象思路或者暗示

不想太多地表露出自己的意图,而是希望给对方尽可能大的选择空间,可以使用"完全开放式提问"。例如:"你的身体状况怎么样?"

④让对方觉得你是在设身处地地为他着想

可以使用"具有感染力"的提问方式。例如:"这两天我觉得你的脸色不大好,是不是最近家里事情很多导致休息不好,你觉得如果把活动的时间推迟到下周,对你来说会不会好一些呢?"通过这种提问方式,不仅给自己留下了回旋的余地,以便应对各种可能发生的变化,同时也给对方留下了一种印象:你能够体察到他身上的问题,对于他的状况很关心。

(4)同一个问题可以用的不同的表达方式

有些看上去完全相同或者相类似的提问,经过仔细的审视与思考之后,往往可以对对方产生不同的影响效果,更有助于自己了解对方。将自己置于下面的场景中,试着体会下面这些问题提法的不同感受。

——咖啡?

——要不要喝一杯咖啡?

——现在你不想来一杯咖啡吗?

——你愿意和我一起去喝一杯咖啡吗?

——要不要喝一杯咖啡让自己清醒一下?

——你觉得现在喝一杯咖啡对你会不会有好处呢?

——你给我一种感觉,好像你现在需要喝点什么,来杯咖啡怎么样?

(二)善于观察"弦外之音"

人无意识中的言语或措辞特征比说话内容更能暗示他们关于对方的情况,一般情况下,如果对于某人心怀不满,或者持有敌意态度的时候,许多人的说话速度会变得很迟缓,而且稍有木讷的感觉。相反,如果有愧于心,或者有意要撒谎时,说话的速度自然会变得快起来。

说话的语调里也经常深藏玄机。当一个人满怀浮躁的心情与人交谈时,他的语调也会突然高扬起来;心怀企图的人,在说话时就一定会有意地抑扬顿挫,制造一种与众不同的感觉,有一种吸引别人注意力的欲望。

在说话方式中,除了含有声音的感性和语调之外,说话的节奏也是相当重要的。自信心很旺盛的人,一定具有决断性的说话节奏;缺乏自信心的人说话的语调里必然缺乏决断性的节奏。

1.由话题知心理

人们常常将情绪从一个话题里不自觉地呈现出来,如果要明白对方的性格、气质和想法,最容易着手的步骤。就是要观察话题与说者本身的相关状况,从这里能获得很多的信息。

中年女性交谈时的话题多是自己,她们最大的关心对象是自己;有时也谈论丈夫或孩子,她们把丈夫或孩子看成自己的化身,谈论他们也等于在谈论自己。对于这类女性,要作为一个倾听者的形象出现,承认她们是贤惠的妻子、伟大的母亲。

2.由措辞习惯知心理

人的种种曲折的深层心理会不知不觉地反映在自我表现的手段——措辞上。即使同自己想表现的自我形象无关,通过分析措辞常常就可以大体上看出这个人的真实形象。

使用第一人称单数的人,独立性和自主性强;常用复数的人多见于缺乏个性、随声附和型的人。

3.由倾听方式知心理

构成谈话的前提包括两种不同立场的存在者,即说者与听者。可以根据对方对自己说话后的各种反应,来了解对方的深层心理。

如果一个人很认真地倾听,他大致会正襟危坐,视线也一直看着对方;若心情厌烦时他的视线会散乱,身体也可能在倾斜或乱动。

4.由反应知心理

当你提出问题后,如果对方只是回答了简单几个字,或"我考虑一下"之类的套话,就表示对方对你所提的问题不感兴趣,甚至对你没有多少好感。

(三)丰富的身体语言

心理学研究发现:在两个人面对面的沟通过程中,50％以上的信息交流是通过无声的身体语言来实现的。

在人们每天与人交往的时间中讲话平均只占10％,其他时间都是在有意无意地进行着身体语言的沟通。一般人的情感很少直接诉诸语言,多半是以其他方式表达,捕捉他人情感的关键就在于判读非语言的信息。有些时候,身体语言就足以表达所有的信息,口头语言反倒是多余的。

1.头部

头部集中了所有表情器官,因此往往是人们关注、观察身体语言的起点。

(1)微微侧向一旁:对谈话感兴趣,正集中精神在听。

(2)挺得笔直:对谈话内容和对话人持中立态度。

(3)低头:对谈话不感兴趣或持否定态度。

(4)身体直立,头部端正:自信、正派、诚信、精神旺盛。

(5)头部向上:希望、谦逊、内疚或沉思。

(6)头部向前:倾听、期望或同情、关心。

(7)头部向后:惊奇、恐惧、退让或迟疑。

(8)点头:答应、同意、理解和赞许。

(9)头一摆:快走。

2.眼睛

目光是最富于表现力的一种身体语言,心理学家的实验研究表明,人们视线相互接触的时间,通常占交往时间的30％～60％。如果超过60％,表示彼此对对方的兴趣可能大于交谈的话题;低于30％,表明对谈话没有兴趣。而视线接触的时间,除关系十分密切的人外,一般连续注视对方的时间在3秒左右。

(1)眼角微皱:心理学家发现,由衷地高兴时,眼角会出现皱纹(鱼尾纹)。而"社交礼貌式"微笑往往只涉及唇部动作,属于假笑。

(2)目光躲闪:在谈话中回避目光接触,常被视为不真诚或不值得信赖。然而,心理学研究表明,不诚实的人目光接触反而更多。目光接触少或者没有目光接触,可能是害羞、紧张或无聊等多种心理活动的表现。

(3)直视对方:双方在一起很放松、很自信,而且对谈话很专注。因此,保持目光接触可留下良好的第一印象。

(4)长时间"闭"眼:长时间闭目养神、遮住双眼和耷拉眼皮的心理潜台词是"我根本不想听到这件事"。

(5)频繁眨眼:当人们撒谎或感觉压力大时,可能不知不觉地频繁眨眼。

(6)眼皮下垂:"不怎么眨眼"或"一脸茫然"说明当事人没有用心听你讲话。

(7)眼珠乱转:眼睛左右转动或者向下看,通常表明"正在处理信息"。这样的眼神在求职中应尽量避免,否则容易被误解为"缺乏诚意"或"试图掩盖某种事实"。

(8)眯眼:可准确显示不适、压力、评判,甚至是愤怒。听话后眯眼通常表明对所听内容产生怀疑、持不同意观点或没充分理解。

(9)瞪大双眼：当人们对某人或某物感兴趣时，瞳孔会放大。

(10)眼睛发亮：多项研究表明，眼睛里的光会随情绪的变化而发生改变。因此，高兴时，眼睛会发光；悲伤抑郁时，眼光也会暗淡。

3.嘴

用嘴说话是传递信息最主要的手段，正因为如此，人们容易忽略嘴有时也会无声胜有声。

(1)嘴唇闭拢：端庄自然。

(2)嘴唇半开或全开：疑问、奇怪或有点惊讶，如果全开就表示惊骇。

(3)嘴角向上：善意、礼貌或喜悦。

(4)嘴角向下：痛苦悲伤或无可奈何。

(5)嘴唇撅着：生气、不满意。

(6)嘴唇紧绷：愤怒、对抗或决心已定。

(7)故意发出咳嗽声并借势用手掩住嘴："心里有鬼"，有说谎之嫌。

4.肩

肩部所表达的语言含义不多，往往成为很多人身体语言的"盲区"。

(1)肩部舒展：有决心和责任感。

(2)肩部耷拉：心情沉重、感到压抑。

(3)肩部收缩：正在火头上。

(4)肩部耸起：处在惊恐之中。

(5)耸耸肩膀：加上双手一摊，表示无所谓，或无可奈何没办法的意思。

5.手

手所表达出的语言信息最为丰富，所以往往是身体语言的焦点。

(1)双臂交叉：显示了紧张期待的心情，也是一种试图控制紧张情绪的方式。如等待登机、等候看病、见到陌生人有点紧张或回答问题有些畏怯的时候。

(2)双臂交叉，两个拇指往上翘：泰然自若，或超然度外，或冷静旁观、优越至上的信息，其中又包含着一定的防御态度。

(3)一只胳膊横在胸前，并用这只手握住另一只胳膊：是一个人处于陌生的交际场合，缺乏自信，有点紧张不安时采取的姿态。

(4)推手：对抗、矛盾、抗拒或观点对立，一般情况下是不可随意使用的。

(5)用手指敲击桌子：很无聊或不耐烦。

(6)轻轻抚摸下巴：在考虑做决定。

(7)双手忙个不停(没事找事做)：边和别人说话边这样做，表达一种无言的拒绝。

(8)手放在腰上：开始动怒了，并随时准备投入行动。

(9)用手拍拍前额：健忘，如果用力一拍，则是自责、后悔不已。

6.腿

(1)手脚伸开懒洋洋地坐在椅子上：相当自信并且有些自傲，不把对方放在眼里。

(2)坐在椅子边上：不自信，还有几分胆怯，有随时"站起来"和中断话题的准备。

(3)使劲扒着桌子坐：对话题很感兴趣，也表现出几分不拘小节。

(4)跷起二郎腿,两手交叉在胸前,收缩肩膀:感到疲倦,对眼前的事不再感兴趣。

(5)如果跷起的腿成一个角度:很执拗,性格刚强、好斗;如果还双手抱膝,则说明很难说服他。

(6)双腿直伸,抖动腿部:不仅会让人心烦意乱,而且也给人以极不安稳的印象。

(7)脚尖指人、双手抱腿、手夹腿间及上身趴伏等坐姿:放肆嚣张。

7. 站姿

(1)边说话边晃动脑袋:嚣张、轻浮。

(2)站立时双腿频繁地换来换去,或用脚在地上不停地画弧线:浮躁不安、极不耐烦。

(3)叉腿站立:人们在一个陌生而不舒适的场合大多会这样站立,说明不自信,紧张而不自然。

(4)斜靠在其他物体上:不重视对方。

8. 行姿

行姿是人体所呈现出的一种动态,是站姿的延续。

(1)肚子腆起,身体后仰:傲慢。

(2)蹭着地走,耷拉眼皮或低着头走:不自信。

(3)身体摇晃:轻佻,缺少教养。

五、管理人际关系

(一)爱的力量

荷兰画家凡·高说:爱之花开放的地方,生命便能欣欣向荣。

【案例】

一位社会学教授让学生们到贫民窟调查200名男孩的成长背景和生活环境,并对他们未来的发展做评估,每个学生的结论都是"他毫无出头的机会"。

25年后,另一位教授发现了这份研究,便让学生们调查那200名男孩今天的状况。结果除了20名男孩搬离或过世,剩下的180名中有176名成就非凡。其中,有许多人成为律师、医生或商人。

教授在惊讶之余决定深入调查此事,他问当年曾受评估的人同一个问题:"你今日会成功的最大原因是什么?"结果他们不约而同地回答:"因为我遇到了一位好老师。"

教授向那位老师请教有何绝招能让这些在贫民窟长大的孩子成功,老师眼中闪着慈祥的光芒道:"其实也没什么,我爱这些孩子。"

(二)适度给予

事实上,生命中一切有价值的东西,只有在付出时才能变出千万种。当付出是无条件和真诚的时候,回报也是成正比的。如果在向别人付出时你若有所失,那么,这种付出就不是真正的付出,因而也就不会有所提升。

【案例】

一个漆黑的夜晚,一位僧人看见巷子深处有盏小灯笼在晃动,身旁的人说:"盲人过来了。"

僧人百思不得其解，问盲人："既然您什么也看不见，为何挑一盏灯笼呢？"

盲人说："黑夜里，满世界的人都看不见，所以，我就点燃了一盏灯。"

僧人若有所悟："原来您是为别人照明呀！"

盲人却说："不，也是为我自己。虽然我是盲人，但我挑了这盏灯笼，既为别人照亮了路，也让别人看到了我，这样他们就不会在黑暗中碰撞我了。"

其实道理就这么简单：给予了别人，自己同样有所获得。只想"借光"，而不挑灯，那么，你的人生将永远在黑暗中穿行。

如果你需要快乐，就给予别人快乐；如果你需要爱，就学会付出爱；如果你需要别人的关注和欣赏，就先学会对别人关注和欣赏。

(三)懂得宽容

宽容首先包括对自己的宽容。只有对自己宽容的人，才有可能对别人也宽容。宽容地对待自己就是心平气和地工作、生活，这种心境是生存的良好状态；宽容的过程也是"互补"的过程，宽容别人的过失，就意味给别人醒悟的时间和悔悟的机会，并以适当的方法给予批评和帮助，便可避免大错。宽容可以解决许多棘手的问题，让生活中的许多难题迎刃而解。

【案例】

一位高僧为了开示总是爱抱怨的弟子，便吩咐弟子抓一把盐倒进一杯水里后再喝一口，然后问他味道如何。

弟子皱着眉答道："咸得发苦。"

随后，高僧又带着弟子来到湖边，吩咐他将剩下的盐撒进湖里后再喝一口，又问他味道如何。

"纯净甜美。"

"尝到咸味了吗？"

"没有。"

高僧点了点头，微笑着对弟子说："生命中的痛苦是盐，它的咸淡取决于盛它的容器。"

(四)真诚赞美

威廉·詹姆斯说：人性最深切的本能是被人赏识的渴望。

【案例】

一个小商店里有两位售货员。甲售货员卖糖给小朋友时喜欢先抓一大把，拿去称，再把多了的糖一颗一颗地拿走；乙售货员则每次都抓得不足重量。然后再一颗一颗地往上加……开始时，孩子们随意地到甲乙两个售货员那里进行他们小小的交易。然而渐渐地，到乙售货员那里买糖的小朋友越来越多，甲售货员那儿几乎不再有小朋友光顾。

其实，甲乙两位售货员卖给小朋友们的糖果，无论是重量还是数量都没有什么差别。可小朋友们就是喜欢后者，这仅仅是因为他们往秤盘上放糖的方式不同罢了——人们喜欢越来越多的获得,而不是获得后的逐渐失去。

这一"卖糖哲学"给我们以启示:生活中,同样的付出或收获,仅仅因为方式方法的不同,其效果是不一样的。

赞美是件好的事情,但并不是一件简单的事。若在赞美别人时,不能恰如其分,缺乏一定的技巧,即使是真诚的赞美,也会使好事变为坏事。

1. 因人而异

人的素质有高低之分,年龄有长幼之别,因人而异,突出个性,有特点的赞美比一般的赞美能起到更好的效果。老年人总希望别人不忘记他"想当年"的业绩与雄风,同其交谈时,可多称赞他引以为自豪的过去;对年轻人,不妨语气稍为夸张地赞扬他的创造才能和开拓精神,并举出几点实例证明他的确能够前程似锦;对于知识分子,可称赞他知识渊博、宁静淡泊……当然这一切要依据事实,切不可虚夸。

2. 实事求是

在赞语没说出口时,先要考虑一下这种赞美有没有事实根据,对方听了是否会相信,第三者听了是否会不以为意。一旦出现异议,有无足够的证据来证明自己的赞美是站得住脚的。所以,赞美只有在事实根据的基础上进行才有意义。

3. 措辞适当

一位母亲赞美孩子:"你是一个好孩子,有了你,我感到很欣慰。"这种话就很有分寸,不会使孩子骄傲。但如果这位母亲说:"你真是一个天才,在我看到的小孩中,没有一个赶得上你的。"可能就会把孩子引入歧途。

4. 间接赞美

(1) 借第三者的话

这样比直接赞美的效果往往要好得多。比如你见到某甲对他说:"前两天我和某乙谈起你,他对你推崇极了。"无论事实是否真的如此,反正某甲绝对不会去调查是否属实的,但他对你的感激肯定会超乎你的想象,如果碰巧某乙又是某甲平素很敬重的人,那么他对你的感激就会更深。

(2) 当事人不在场时

这种方式有时比当面赞美所起的作用更大。一般来说,背后的赞美都能传达到本人,这除了能起到赞美的激励作用外,更能让被赞美者感到你对他的赞美是诚挚的,因而更能增强赞美的效果。《红楼梦》中有这样一段故事,贾宝玉因为史湘云和薛宝钗劝他入仕从政,便对史湘云和袭人赞美林黛玉道:"林姑娘从来说过这些混账话不曾?要是她也说这些混账话,我早和她生分了。"碰巧黛玉来到窗外听见此话,使她"不觉又惊又喜、又悲又叹"。结果宝黛俩互诉肺腑,感情大增。

5. 雪中送炭

最需要赞美的不是那些功成名就的人,而是那些因被埋没而产生自卑感或身处逆境的人。他们平时很难听到一声赞美的话语,一旦被人当众真诚地赞美,便有可能振作精神。因此,最有实效的赞美不是"锦上添花",而是"雪中送炭"。

6. 热情具体

有人在称赞别人时表现出漫不经心,如:"你这篇文章写得很好""你这件衣服很好看""你的歌唱得不错"。这种缺乏热诚的空洞的称赞往往并不能使对方感到高兴,有时甚至会由于你的敷衍而引起反感和不满。称赞别人要尽可能热情具体,可将上述三句称赞的话分别改成:"这篇文章写得很好,特别是后面一个问题很有新意""你这件衣服很好看,这种款式很适合你的气质""你的歌唱得不错,不熟悉你的人还以为你是专业演员呢"。

【案例】

一位编辑去请一位不怎么有名的作家撰写一篇连载小说,作家只住一间小房,编辑来访就坐在他的床沿。彼此谈好写作的细节、交稿的方式等问题后,编辑临走前在房门外大声说:"喂,老兄,这篇小说的事我全拜托你了!"说得那么大声,连作家的妻子和他的邻居都听到了。没想到,一句无心之言,使这位作家写出最好的作品,因为编辑一句无意的赞美,极大地鼓励了作家。

7.恰当

两个学生各拿着自己画的一幅画请老师评价。老师如果对甲说:"你画得不如他。"乙也许会比较得意,但甲心中则一定不悦。不如对乙说:"你画得比他还要好。"乙固然会很高兴,而甲也不至于太扫兴。

8.独到

在赞美他人时,一定要与众不同地找出对方值得赞美的优点。如果赞美一些众所周知、显而易见的东西,很难打动对方。应该找出那些不为人知,但他本人却很有信心的部分加以肯定和赞美。

9.鼓励

用赞美来鼓励,能增强人的自尊心。要使一个人努力把事情做好,首先要激起他的自尊心。如果一个人是第一次做某件事情,不管他做得多么不好,都不要严加指责,而应该说:"第一次有这样的成绩就不错了。"对第一次登台、第一次比赛、第一次写文章、第一次……的人,这种赞扬会让他深刻地记忆一辈子。

10.适度

赞美的方式要适宜,即针对不同的对象要采取不同的赞美方式和口吻。如对年轻人,语气上可稍带些夸张;对德高望重的长者,语气上应带有尊重;对思维机敏的人要直截了当;对有疑虑心理的人,要尽量把话说透。

赞美的频率要适当,在特定的时间内,一个人赞美他人的次数,尤其是赞美同一个人的次数越多作用力就越低。如果你太频繁地赞美他人,对方就会觉得无所谓甚至认为你是谄媚者。

11.迂回

直接赞美一个人,有时反而会使他感到你很虚伪,或者会疑心你不是诚心的。这时,有必要采取一些迂回的方法。比如,可以称赞他所从事的职业以及这个职业在生活中的地位、作用等,这样不仅能起到赞扬、鼓舞对方的作用,还能使他感到你的赞美是真诚的。

(五)适当批评

苏联教育学家安·谢·马卡连柯说:批评不仅仅是一种手段,更应是一种艺术、一种智慧。

良药未必苦口,忠言未必逆耳。艺术性的批评既是一种重要的激励方式,又是一种有效沟通的信号。批评更多地取决于一些微妙的,甚至难以言传的感应和领悟。批评的方法应是以事实教育人,以道理开导人,以后果提醒人。

1.批评的原则

怎样的批评能够做到忠言也顺耳呢?以下是语言大师们多年以来总结的一些原则。

(1)温和诚恳

在善意地批评别人时,用这样的话开头,可能效果更好:"我曾经也犯过这样的错误。""可能你也不明白什么地方出了错。""这件事情你也尽力而为了,虽然结果还是出了错。"真诚往往最能够打动人。

(2)适度

心理学研究表明,一种批评如果反复进行,就会失去激励的作用,进而引起对方的逆反心理。在批评他人时应"见好就收",适可而止。

(3)理解对方

谁愿意犯错误呢?特别是当事人内心已经很自责时,他们更加需要别人的心理支持:"我想你现在可能很难受。""抽空,我们找个时间,一起分析一下失误的原因好吗?""我相信你下一次一定会做好的。"

(4)切勿指责

指责只会让人与人之间陷入恶劣的情绪之中,导致影响理智和判断力。避免说这样的话:"我都跟你说过多少遍了?""你为什么总犯同样的错误呢?""我看你真的是无可救药啦!"

(5)委婉暗示

面对直接批评时,任何人内心的第一反应都会不舒服,因为批评就是惩罚。暗示如同苦药丸外面的"糖衣",利用含蓄委婉的方式,更能达到治病救人的最终目的。

(6)对事不对人

批评的时候,很容易从批评对方的过失变成批评对方的人格,进而变成人身攻击。正确的做法是批评要就事论事,把关注点放在错误的行为上,强调如何改进,可以先对他表示理解或肯定他做得好的地方,再进行批评。

(7)分清场合时机

尽量私下单独进行批评,如果在人多或者公众场合批评他人,很容易伤人自尊,引起对方的反感。不仅起不到教育的作用,还可能激起对方的逆反心理。

(8)因人而异

针对沟通对象的年龄、性别、职务及性格等因素采取不同的批评方式。

例如,一个很自卑的人犯错时,我们给予其适当的安慰会胜过千言万语,因为他本身已经非常自责;对于一个很爱面子的人,我们一边批评一边给其下来的台阶,他会及时纠正自己的失误;而对于一个心服口不服的人,没有必要抓住不放,重要的还是看他的行动。

2.批评的技巧

(1)公开赞扬,私下批评

【案例】

王编辑每年都会受邀参加某单位的杂志评审工作,很多人想参加却找不到门路,也有人只参加一两次,就再也没有机会了,王编辑年年有此"殊荣",让大家都羡慕不已。

在他年届退休时,有人问他其中的奥秘。他说自己的专业眼光并不是关键,职位也不是重点,之所以能年年被邀请,是因为他很会给别人"面子"。在公开的评审会议上一定会把握一个原则:多称赞、鼓励,少批评。但会议结束之后,他会找来杂志的编辑人员,私底下告诉他们编辑上的缺点。

虽然杂志有先后名次,但每个人都保住了面子,因此承办该项业务的人员和各杂志的编辑人员都很尊敬他、喜欢他,当然也就每年都找他当评审了。

赞扬和批评有一定的分寸和场合,既要坚持原则性,也要讲究灵活性;既坚持真理,也不能得理不饶人。

(2)善于点到为止

对于一些无关紧要的小错误,不必计较,点到为止。

【案例】

一位从不愿抛头露面的人,发现一家报纸刊登了一张他极不愿公开的个人照片,于是他写了一封信给编辑。并没有直截了当地写"请你不要再刊登我那张照片,我不喜欢它。"他诉诸一项高尚的动机,即每个人对母亲的尊敬及喜爱的心理,写道:"请不要再刊登我那张照片,因为我母亲不喜欢那张照片。"

(3)批评之前先赞美

心理学研究表明,接受批评最主要的心理障碍是担心被批评会伤害自己的面子,损害自己的利益。为此,在批评前要帮助对方打消这个顾虑,才能使被批评者听得下去。应先表扬、后批评,即在肯定对方成绩的基础上再进行适当的批评。

【案例】

著名教育家陶行知在担任一所小学的校长时,看到一个男孩子用泥块砸同学,当即制止了他,并要他一会儿到校长办公室去。

当陶行知回到办公室,发现男孩已经早他一步到了。陶行知没有批评男孩,而是送了一块糖给他,说:"这是奖给你的,因为你按时来到这里,而我却迟到了。"接着,又掏出一块糖给男孩,说:"这块糖也是奖给你的,我不让你再打人时,你立即住手了,说明你很尊重我。"再掏出第三块糖,说:"据我了解,你用泥块砸那些男生,是因为他们不守游戏规则,欺负女生,说明你很有正义感,有跟坏人斗争的勇气,所以我再奖励你一颗。"这时,男孩感动地哭了:"校长,你打我两下吧!我错了,我砸的不是坏人,而是自己的同学呀。"陶行知满意地笑了,随即掏出第四块糖,说:"为你正确地认识错误,我再奖给你一块糖。"

待男孩接过糖,陶行知说:"我的糖发完了,我们的谈话也该结束了。"

赞美之后的批评，远比批评之后的赞美来得有效。如果想让对方改正缺点和错误，不妨先来赞美他，趁对方高兴之际，再指出其缺点和错误。

(4) 保全他人面子

当对方已经表明某一态度和意见，而你要纠正他时，最好的办法是为他找一个安全合理的理由，既使他不丢面子，又使他全面地改变自己的观点和态度。如就事论事，把责任推给模糊的第三者，使当事人有台阶可下。

【案例】

一位顾客到某商店退换一件高级衬衫，她声明这件衣服没有动过，主要是她丈夫不喜欢。精明的营业员看到衬衫有污痕，知道衣服是被穿过的，但顾客已声明"没动过"，于是营业员给她一个台阶让她全面地收回她的声明："你可能是没有动过，或许你不在家时你家里哪个人动过它，你看这污迹是表明有人穿过的。我也经常遇到这样的事，买回家好好的衣服，第二天就被我丈夫搞脏了。"

(5) 寓批评于鼓励之中

不从正面提出批评，而是从侧面巧妙地给予鼓励和提醒，同样会起到预期的批评效果。

【案例】

一名酷爱打篮球的中学生，将课余大部分时间都花在打球上。在一次市里举办的中学生篮球赛中顽强拼搏，为本队获取第一名立下了汗马功劳，但学习成绩就是一直上不去。老师对他说："你篮球打得这么好，与你平时的刻苦训练分不开，要是你在学习上也能这样下苦功，你的学习成绩一定能提高。"

(6) 含蓄

有的人之所以不愿接受批评，主要原因便是怕触伤自己的自尊心和荣誉感。为此，我们在批评他人时，便可寻找一种不同于直接批评的方法，却能达到批评他人使其改正错误的方式。

【案例】

有人送给唐太宗一只鸽子，唐太宗很高兴，就托在手臂上逗着玩，见魏征进来，怕他看见就赶紧揣到怀里。其实魏征早已看见了，只是故意不言明，奏事时有意慢条斯理，拖延时间。结果等魏征走了，鸽子也闷死在唐太宗怀里。

这里，魏征就是用含蓄的方式批评了唐太宗"玩物丧志"的行为。

【情境演练】

游戏:情绪感染

一、规则

第一轮:

1.参与者围成一圈,闭上眼睛。主持人在圈外走几圈,拍一下某个成员的后背,确定其为"不安情绪源",注意不让第三者知道情绪源是谁。然后所有人睁开眼睛,散开,尽可能与更多的人沟通。

2.情绪源通过眨眼睛的动作将不安情绪传递给其他三人,获得眨眼睛信息的人要当自己感染到了不安情绪,继续向另外三人眨眼睛,将不安情绪传染给他们。

3.五分钟后,参与者坐下来,让情绪源站起来,接着是三个被他传染的,再接着是被那三个人传染的,直到所有被传染的人都站了起来,结果是看到了情绪传染的可怕性。

第二轮:

1.主持人告诉参与者,已经找到了治理不安情绪传染的有效措施,那就是制造快乐情绪,用真挚柔和的微笑冲淡大家由不安情绪带来的心理阴影。

2.参与者围成一圈,闭上眼睛。主持人告诉大家将选择一人为"快乐情绪源",并通过微笑将快乐传递给大家,任何一个得到微笑的人也要将微笑传递给其他三人。

3.主持人在参与者的身后转圈,假装指定了快乐之源,然后让大家睁开眼睛,自由活动。

4.三分钟后,参与者坐下来,让收到快乐讯息的人举手,然后让大家指出情绪源,结果是大家会指向不同的人。

5.主持人告诉参与者实际上根本就没有指定的快乐情绪源,是他们的快乐感染了自己。

二、讨论

1.不安和快乐哪个更容易被传染?在第一轮中,当你被传染了不安情绪,你是否会真的感觉到不安,举止动作是否反映出这一点?在第二轮中呢?

2.在游戏的过程中,你对于别人要传染给你不安的预期导致你真的开始不安,你想让别人对你微笑促使你接受和给予微笑。在日常的生活、学习和工作中,你是否遇到过这种事情?

3.在团队里面,一个人的情绪是否会影响到其他人,是否会影响到团队的工作效率?为了防止被他人的负面情绪所影响,你需要做什么?

【情境拓展】

情商能力测试

测试题:

1.对自己的性格类型有比较清晰的了解

2.知道自己在什么样的情况下容易发生情绪波动

3. 懂得从他人的言谈与表情中发现自己的情绪变化
4. 有扪心自问的反思习惯
5. 遇事三思而后行,不赞同"跟着感觉走"
6. 遇有不顺心的事能够抑制自己的烦恼
7. 遇到意想不到的突发事件,能够冷静应对
8. 受到挫折或委屈,能够保持能屈能伸的乐观心态
9. 出现感情冲动或发怒时,能够较快地"自我熄火"
10. 听到批评意见(包括与实际情况不符的意见)时,没有耿耿于怀、闷闷不乐
11. 在人生道路上的拼搏中,相信自己能够成功
12. 决定了要做的事不轻言放弃
13. 工作或学习上遇到困难,能够自我鼓励克服困难
14. 相信"失败乃成功之母"
15. 办事出了差错,自己总结经验教训,不怨天尤人
16. 对同学、同事们的脾气、性格有一定的了解
17. 经常留意自己周围的人的情绪变化
18. 与人交往知道要了解和尊重他人的情感
19. 能够说出亲人和朋友各自的一些优点和长处
20. 不认为参加社交活动是浪费时间
21. 没有不愿与他人合作的心态
22. 见到他人的进步和成就没有不高兴的心情
23. 与人共事懂得不能"争功于己,诿过于人"
24. 朋友相处能够"严于律己,宽以待人"
25. 知道失信和欺骗是友谊的大敌

结果分析:

1. 第1~4题
答"是"3道以上,表明你对自身的情绪有较高的认知。

2. 第5~10题
答"是"4道以上,表明你对自身的情绪有较高的控制力。

3. 第11~15题
答"是"4道以上,表明你善于自我激励。

4. 第16~18题
答"是"3道以上,表明你能够了解他人的情绪。

5. 第19~25题
答"是"5道以上,表明你长于人际沟通。

6. 总体衡量
25道题中,答"是"20道以上者属高情商,答"是"14~19道之间者属中等情商,答"是"13道以下者属偏低情商。

【情境链接】

社会情绪能力学习(SEL)计划

2002年,联合国教科文组织向全球140个国家的教育部发布了实施SEL(Social and emotional learning,社会情绪能力学习,或译作"社交与情绪学习")的十大基本原则,开始在全球范围内推广SEL项目(又称SEL计划)。

该项目由美国非营利组织CASEL(美国芝加哥伊利诺伊大学"学术、社会与情绪学习协同作用"机构,全称为:Collaborative for Academic, Social and Emotional Learning)发起,旨在推行将SEL作为从幼儿园到高中教育的必修课程。如:美国的伊利诺伊州制定了详细、全面的社会情绪能力(SEL)标准,覆盖从幼儿园到高中的各个年级:

小学低年级学生要学会识别和准确表述自身情绪,并了解情绪如何引发行为;小学高年级开设同理心课程,要求儿童根据非语言信息识别他人的感受;初中阶段,学生应当学会分析哪些东西会造成压力,哪些东西能激发出最佳表现;高中阶段,学生应通过有效的倾听和交谈解决冲突,防止冲突升级,并协商出双赢的解决办法。

澳大利亚等国家,由政府机构设立项目,在全国的中小学、幼儿园对SEL计划进行推广与促进。

在一些国家和地区,社会情绪能力学习已成为一把无所不包的"保护伞",囊括了性格教育、预防暴力、预防毒品、反校园暴力及加强学校纪律等项目内容(即:增加少年儿童的合作性)。社会情绪能力学习(SEL)计划的目的不仅仅是在学生中消除这些问题,还要净化校园环境,最终提高学生的学习成绩。

这一结论是由CASEL的研究人员对一项大型SEL计划进行全面评估、综合分析之后得出的,该项研究对象样本为668人,涉及学前儿童、小学生、初中生、高中生。此项研究的发起人罗杰·韦斯伯格同时也是CASEL机构的负责人。

该研究发现,学生成就测验分数和平均学分绩点表明,SEL项目对他们的学习成绩起到了很大的促进作用。在参与SEL计划的学校,50%的学生成绩得到提高,38%的学生平均学分绩点有所提高。学生不良行为平均减少28%,终止学业的学生平均减少44%,其他违纪行为平均减少27%。与此同时,学生出勤率有所提高,63%的学生明显表现出更积极的行为。

参考文献

1. 桂守才. 基础心理学. 北京:人民教育出版社,2007
2. (澳)亚伦·皮斯,芭芭拉·皮斯. 身体语言密码. 北京:中国城市出版社,2007
3. 林伟贤. 谈判艺术. 新华出版社,2008
4. (美)加里·托普奇克. 不小心做了经理. 北京:中信出版社,2009
5. 武洪明,许湘岳. 职业沟通教程. 北京:人民出版社,2011
6. (法)爱弥儿·柯尔. 心理暗示与自我暗示之柯尔效应. 北京:中国青年出版社,2011
7. 邓玉萍. 应用文书写作,2版. 北京:中国人民大学出版社,2012
8. 贾毅、钟妍、权翼健,普通话语音与科学发声训练教程.北京:中国传媒大学出版社,2015
9. 郑小兰,有逻辑地提问.北京:北京理工大学出版社,2015
10. 西武,哈佛情商课(修订本).沈阳:辽宁人民出版社,2017
11. 吴雨潼. 职业形象设计与训练,6版. 大连:大连理工大学出版社,2019

特别说明:

本教材在编写过程中,参阅了许多名家名作,并参考、摘引了有关网络资料,因许多网络资料几经转载已无从查阅其出处,故没有一一列入参考文献中,特此说明,并表示诚挚的谢意。